U0754511

个优秀的演说家，曾于国内外诸多著名大学展开演讲，其语言风趣幽默，常常把深奥的大道理蕴藏在一个个小故事中，令听众在愉悦的氛围中接收他传达的讯息。

李开复曾公开表示，为了成为出色的演说家，他做了很多的学习和练习，比如要求自己每个月做两次演讲，而且，每次都要自己的同学或朋友去旁听，不事先排练三次，绝不上台演讲。此外，每个月还去听演讲，向优秀的演说家求教。他认为，在反复的练习中发现的许多适合他的秘诀，最有用的就是不用讲稿，透过讲故事的方式来表达心意。

一个好的故事，通常会让听众印象深刻，即使时隔多年也不会忘掉。一名叫贾森·佐勒的教授说，在他上大学时，有一次，最喜欢的一名教授在课上讲了一个故事。这个故事很有趣，结果导致他在 20 年后的今天，仍然清楚地记得故事中的具体情节，而且每当有需要的时候，他还会把这个故事讲给自己的学生听，借以提高自己讲课的效率。

美国畅销书《故事的魅力》的作者保罗·史密斯则认为：经验是最好的老师，有意思的故事是仅次于经验的好老师。他说，世界许多最成功的组织，都有意把讲故事作为一个关键的领导工具。例如，微软、耐克、摩托罗拉、明尼苏达矿业与制造公司、盛世广告、伯克希尔·哈撒韦公司、伊士曼柯达公司、迪士尼、好市多以及世界银行等。

深度分析——讲故事的能力决定管理者的魅力

培训教练和畅销书作者玛格丽特·帕金指出，在印刷字出现以前，讲故事存在于每个民族，而且各有千秋。比如凯尔特人的文化中就有自己的吟唱诗人和德鲁伊教士；斯堪的纳维亚国家的古挪威人也拥有长篇的英雄故事；伊斯兰国家会聆听苏非派僧人和苦修教士的教诲；本土美国人中的优特部落，会把故事讲得最好的人推选为部落领袖。

一个人能讲好故事，说明他有清晰的逻辑思维，能把事情的前后关系、主次矛盾以及其中蕴藏的感情喷发把握在一个最佳的节点上，该声情并茂的时候就情绪激扬，该语气滞缓的时候就情绪低迷，如此抑扬顿挫，充分调动听众的情绪随故事而变化。

这样的人，具有高超的调控能力，了不起的动员能力，同时也说明他很懂听众的心，知道在什么时候，怎样去说，能让听众爆发出最大的激情，愿意听他说话。他的每一个故事乃至每说的一个字，都是有针对性的，都是能带给听众愉悦感和舒适感的。

自然而然，人们也会喜欢他们，喜欢与他们聊天，喜欢听他们讲故事，进而喜欢聆听他们想要传达的讯息、理念和观点，然后在此基础上被他们一步步地说服。

因此，从这个角度来说，讲好故事对于管理者而言，是极其重要的能力，讲故事的能力就决定了管理者的魅力指数。员工是否愿意听你说，喜欢听你说，能否被你说的东西打动甚至说服，全在于你讲的故事好不好。讲好故事，管理者自然就有人气了。

7. 会讲故事是管理者的核心竞争力

2005 年，乔布斯在斯坦福大学的毕业典礼上，讲了自己的三个故事：

第一个故事：他说到自己的出身。他的亲生母亲是研究生，未婚先孕，乔布斯出生后她决定让别人收养他。她先找了一对律师夫妇，但这对夫妇只收养女孩儿。最后，一对学历不高的夫妇，承诺"供乔布斯上大学"，说服他的亲生母亲，得到了收养权。

十七年后，他上大学了，选了一所学费几乎跟斯坦福一样贵的大学，他那工人阶级的父母所有积蓄都花在他的学费上。六个月后，他认为在这个学校学不到东西，也不想养父母把一辈子积蓄浪费在这里，就退学了。是的，他在里德学院只待了六个月。

退学后，他靠捡垃圾、睡地板，吃神庙的贡品维持生活，同时自学自己感兴趣的书法课程。当时里德学院有全美最好的书法课，于是他去旁听了，学得很认真。

当时，他没想过学这些有什么用，但在十年后，当他设计第一台麦金塔电脑时，想起了这些东西，想着把它们融入电脑，于是，计算机的字体变得美丽好看了。

实战场景

讲完第一个故事，乔布斯就说："你得相信，你现在所体会的东西，将来多少会连接在一块。你得信任某个东西，直觉也好，命运也好，生命也好，或者业力。"

乔布斯以自己为例，详细讲述了自己的出身和令人咂舌的"退学事件"，令台下的听众都把注意力放到他身上，如同身临其境，再把故事中的他与现实中的他进行对比，当然对他今日所取得的成就感到震惊，进而对他的话产生了听从权威的感觉。接着，他又讲自己的第二个故事：乔布斯认为自己很幸运，年轻时就能发现自己爱做什么事。

二十岁，他跟朋友一起在车库里开始了计算机的装配、改装、设计，三十岁，他被自己的公司炒了鱿鱼，他用几个月的时间来颓废，然后重新振作。

接下来五年，他又开了 NeXT 公司和 Pixar 公司，跟后来的老婆谈起了恋爱。Pixar 接着制作了世界上第一部全计算机动画电影——玩具总动员，现在是世界上最成功的动画制作公司。然后，苹果计算机买下 NeXT，乔布斯又回到了苹果，回到了自己曾经创办的公司，而他在 NeXT 发展的技术成了苹果计算机后来复兴的核心。

此时，乔布斯有了家庭，他想，如果当年苹果计算机没开除他，他就不会成长，不会有那么多创意，这剂药很苦，但无论是苹果公司还是他自己，都需要它。

说完这个故事，乔布斯又说："你的工作将填满你的一大块人生，唯一获得真正满足的方法，就是做你相信是伟大的工作，而唯一做伟大工作的方法是爱你所做的事。如果你还没找到这些事，继续找，别停顿。尽你全心全力，相信你一定会找到。而且如同任何伟大的东西，事情只会随着时间愈来愈好。所以在你找到之前，继续找，别停。"

在这里，他通过将自己的失败毫不掩饰地说出来，让听众知道，即使他这样一个看上去取得成功的人，曾经也遭遇过失败，也遭遇过彷徨。这样讲故事的好处有三个：一是可以利用弱势博取听众的同情心，让他们态度软化，更加用情地投入到故事中去；二是可以将自己放到听众的群体中去，告诉他们"我和你们是一样的人"，进而拉近彼此的距离；三是可以通过自己的亲身经历，告诉对方自己想要表达的观点，无限增强说服力。

接下来，乔布斯又说了第三个故事。这个故事是关于死亡的，话题比较沉重，但也是人类需要共同面对的一个问题，谁也不能例外。因此，这个话题尤其具有共鸣性，乔布斯通过讲述自己对死亡的理解和生命的感悟，最大程度地拉拢了听众的心。

乔布斯被诊断出癌症，大概活不到六个月了。医生建议他回家，好好跟亲人聚一聚，然后跟世界说拜拜。没人想死，乔布斯开始思考自己的一生，整天想着那个诊断结果，这是他最接近死亡的时候。幸运的是，他通过手术得以康复。

谈及此事，他说了这样一段话：没有人想死。即使那些想上天堂的人，也想活着上天堂。但死亡是我们共有的目的地，没人逃得过……现在你们是新生代，但不久的将来，你们也会逐渐变老，被送出人生的舞台。抱歉讲得这么戏剧化，但这是真的。

深度分析——会讲故事是管理者的核心竞争力

乔布斯在斯坦福大学的演讲，被评为是他最好的演讲，广泛传播于网上，被各个国家的人观看。也是在这次演讲之后的几年里，苹果公司开始正式登上世界的舞台，并迅速成为撬动全球市场，打破传统功能手机时代，引领智能手机新风潮的超级公司。

从这一点来说，一个公司的领导人，如果会讲一手好故事，至少可以让他的公司、品牌以及产品，迅速为人们所知，并在一定程度上为公司拓展市场奠定基础。

也就是说，会讲故事，也可以是管理者乃至整个公司的核心竞争力。国产智能手机锤子手机的创始人罗永浩，就用事实证明了这一点。几乎没人否认这样一个事实：锤子手机之所以能红遍大江南北，其关键不在于它的质量和设计理念有多好、有多先进，完全在于罗永浩本人的精彩演讲，以及他对"情怀"的诠释，使得无数人愿意为之买单。

TO BE A
STORYTELLING
MANAGER

做·会·讲·故·事·的·管·理·者

鼓舞士气，
喊口号不如讲故事

1. 帮助浮躁的下属静下心工作

一个农夫在地里种下了两粒种子，不久它们长成了同样大小的树苗。一棵树苗想长成参天大树，然后开花结果。另一棵树苗想赶快开花结果，无所图。不久后，果真后者开花结果，不过果实很苦涩，前者长成参天大树了。又过了好多年，参天大树果实累累，很大很甜。但另一棵树因为开花结果太早，最终枯萎掉了。可见早日开花不一定会有一个好结果，急于求成，最终却只落个悲惨的结局，所以平息浮躁，别急于求成吧。

实战场景

半年前，秦政义新招了一名助理，女孩儿，25 岁，名校毕业，学习能力强，很多工作一教就上手，一上手就熟练，跟同事也相处融洽。原本一切都在朝好的一面走，然而，仅仅过了三个月，女孩儿便找到秦政义，提出辞职。秦政义专程推掉会议，跟她谈心，问起辞职的原因，女孩儿说："本科四年，我科科功课都很优秀，念研究生，我只花了两年，导师赞叹。没想到毕业后工作了，每天处理的却是些琐碎的事情，没有成就感。"

秦政义知道，女孩儿这是浮躁了，觉得以自己的能力，应该做更有深度的事，晋升到更重要的职位上。但他并未直接斥责对方"天真""浮躁"，而是先给她讲了上面那个果树的故事。接着，他又讲起了自己当年刚工作时的经历和心理变化。

听完后，女孩儿面有愧色，低着头说："总经理，是我太浮躁了，我连现在的工作都还没能做到最好，就想更进一步，太可笑了。您放心，我不会再辞职了。"

最终，女孩儿安心回到了自己的岗位上，扎扎实实地提升自己的能力，没有再提辞职之类的事儿。秦政义这次劝诫，高就高在他没有直接跟对方说大道理。须知，大道理虽然简洁明了，但缺乏有血有肉的情节，多了一丝冷漠，少了一丝人文的关怀，管理者若是一上来就用大道理教育人，只会引起"被教育者"的不满、厌烦，乃至抗拒。

深度分析——抚平下属的浮躁心态

静下心体会，沉住气做事，这是我们当下很多人做不到的。如今，越来越多的人心态浮躁，做事讲求"快出成果""快见成效"，没有耐心，缺乏循序渐进的认知。为此，管理者常常不厌其烦地对下属、新员工进行说教。然而，道理说多了，反而引发员工反感，浮躁的依旧浮躁，甚至连原本不浮躁的人，也在一次次"教育约谈"中浮躁起来。

心态浮躁，做事急于求成果，是很多人都会经历的过程。再加上，当今社会，竞争异常激烈，每年都有七百多万大学毕业生抢就业，又有越来越多的"海归"回国抢饭碗，再加上受2008年的金融危机影响，全世界包括我国已经连续好几年经济不景气，年轻人的生存压力急剧增大，买房、买车、结婚……沉重压力使他们时刻处于焦虑状态。

这种焦虑又通过年轻群体的父母们，蔓延至整个社会，所有人都感到不堪重负。追求快出成效，快出结果，几乎已经成为时代主题。在这种情况下，作为管理者，我们若不能先让对方紧张焦虑的心舒缓下来，贸然说教只会让对方觉得我们冷漠无情。

因此，当下属开始浮躁、焦虑，无心工作时，管理者首先要学会讲故事，为下属们提供暖心的人文关怀，再从中给出建议，指点明路。

2. 问问下属：你在为谁工作

从前，有个上了年纪的木匠准备退休了。他告诉自己的东家，他不想再盖房子了，想和他的老伴过一种更加悠闲的生活。东家知道后，很是可惜地道："你是方圆百里内最负盛名的木匠，我的工队因为有了你，才变得这么出名，有接不完的活儿。现在你想走了，我也不能强迫你，这样吧，你能不能再建一栋房子呢，算是你的封山作吧。"

木匠答应了。可是，木匠的心思已经不在干活上了，整天想着退休后的生活，渐渐地开始烦躁起来，不仅手艺退步，还偷工减料。木匠一完工东家就来了。

他拍拍木匠的肩膀，诚恳地说："这栋房子就归你了，算是我送给你的礼物，感谢你这么多年来对我的支持，这是你自己的作品，相信一定会让你满意的。"

木匠听后，感到十分震惊，也十分惭愧，暗道："太丢人了，要是知道这是在为我自己建房子，我肯定不会三心二意，偷工减料啊。"然而，说什么都晚了。

实战场景

谢莎颖最近就遇到这样一件事儿，在她部门中有一个农村来的女孩儿，因为家里穷，加上自己又贪玩儿，当年高中没读完就辍学了，跟着父母来城里打工，一年前进了谢莎颖所在的公司，被分配到她的部门。刚开始的时候，小姑娘还挺勤奋，努力工作。可最近不知道怎么回事，上班老是走神，小错不断，说她吧，她就说"我的任务完成了"。

可事实上，谁都看得出来，她已经没有刚开始那股认真劲儿了，谢莎颖觉得可惜，不想看到好苗子就这么沉沦，于是找她谈话。谢莎颖问小女孩儿，为什么最近不像刚进公司时那么拼命了，是遇到什么难题了吗。小女孩儿理所当然地说："前辈们说了，上班不需要那么拼命，做好自己的就行了，太认真没用，都是为别人打工啦。"

谢莎颖笑了，就跟小女孩儿讲了这"最后一栋房子"的故事，小女孩儿听完，先是一阵沉默，然后说："可现实里，公司不会给我一栋房子。"见女孩儿情绪稳定下来，愿意听自己说话，谢莎颖抓住时机，将自己对她的期望说了出来，并恳切地对她说："你人聪明，又年轻，有闯劲儿和拼劲儿，是一颗好苗子，别跟那些不知进取的人学习了。他们就是因为觉得自己是在为别人打工，所以才一直打工。难道，你希望变成他们那样？"

最后，女孩儿被谢莎颖说服了，回去之后一改消极态度，重新认真工作起来，很快成为谢莎颖的得力干将。

深度分析——让下属明白自己工作的目的

作为管理者，在我们的管理生涯中，难免会遇到几个怀有类似想法的下属：那么拼命工作干吗，反正我只是个上班的，又不是我的公司，这么多人干活儿，就让他们卖命好了，我轻松一点是一点吧，拿多少工资干多少活儿，童叟无欺，这样才不吃亏呢。

面对这种员工，很多管理者深感头疼。对他说教吧，他抱着一副"死猪不怕滚水烫"的架势，任凭你说，他就是不听。不说吧，任由他们得过且过混日子，不仅影响团队的工作氛围，还耽误工作进度。直接将之开除吧，又不合适，毕竟没犯大错。

很多时候，管理者在面对这种抱有"打工思想"的员工时，不妨采取以退为进的问话方式，先问问他们，"你在为谁工作？"只有让他们意识到自己想要的是什么，自己工作是为了什么，然后再以故事循循善诱，才能使对方打开心门，听进劝告。

亚当·斯密说过，"自私自利"才是人们奋斗的驱动力。与其疾言厉色，对下属大说特说各种不努力工作的后果，不妨通过一些能引发共鸣感的故事，使员工自发地去思考不努力工作的后果。这样一来，不但能改善上下级关系，也能真正使对方改变。

3. 为什么公司的规定要遵守

一个人出差，完成任务回家后与朋友聚餐，说："我给你们讲个事儿。上个月，我去胶东时经过一村子，突然一条大狗从远处向我冲来。你们说，我该怎么办？"

一个朋友说："跑肯定是不行的，最好是用石头打它。"

"对，乡下有句俗话叫'狗怕蹲下'，你蹲下时，狗以为你要捡石头砸它，就会落荒而逃。当时，那条狗向我冲来，我一蹲它就转身逃跑了。"这人点点头，继续说道，"但是，当我正要继续赶路时，旁边过来一位大爷，捡起石头扔过去，正好打在狗腿上，那大狗哀叫了一声。我向大爷道谢，大爷生气却地说：'年轻人，你这样是不行的，蹲下去就要打它，老不打，狗就不相信你了，会乱套，以后再有人遇到这样的状况怎么办？'"

听完，几人沉默。这人又说："我觉他的话很有道理。狗怕人蹲下捡石头打它，是长期以来形成的条件反射，也算是人与狗之间的一个协议。倘若我们违反协议，蹲下去只是装装样子，没打它，一两次没事，次数多了，'狗怕蹲下'就成笑话了。"

"那以后吃亏的还是我们自己。"一人有所感悟。

另一人赞同道："看来，表面上，那位老爷子是在帮你打狗，但在更深层次上，也是为全村人长久的安全着想，是在维护一种秩序。难怪他会那么严厉地说你。"

这人苦笑道："谁说不是呢，很多时候，不守规矩比暴力更可怕啊。暴力只是破坏表面的东西，而不守规矩却是破坏一种秩序，从深层次上把根基都动摇了啊。"

实战场景

当经理这些年，时常有员工因为上班迟到、在办公室吃东西、与客户吵架等违反公司规定的事被刘昌磊责问，起初，刘昌磊苦口婆心、引经据典，跟"犯事儿"员工们讲道理，讲为什么要遵守公司规定。但员工们不是爱理不理，就是拍桌子跟他顶嘴。

有一次，一个新人甚至当场质问他："我才迟到一分钟，你就要罚我，凭什么？平时工作中，最认真的是我，小组业绩最好的也是我，最支持你工作的还是我，就因为这一分钟就取消我这个月的奖金，什么玩意儿，这狗屁公司，太没有人情味儿了。"

一时间，竟然说得刘昌磊不知道该如何反驳。为此，长久以来，刘昌磊都在向人请教学习，如何让员工遵守公司规定。直到有一次，他从网上看到这则故事，觉得有趣，就在一次与员工的谈话中，他将故事说了出来，发现员工态度缓和了。

深度分析——让下属明白公司制度的意义

刘昌磊的经历说明了，由于我国自古就是人情社会，讲究"法律不外乎人情"，在很多事情的处理上，往往讲究"不看僧面看佛面"。比如像遵守公司规定之类的事，因为与日常生活中的一些固有认知起冲突，所以管理者在处理时，如果不能让员工做到心悦诚服，往往会激怒员工。这种时候，员工不会觉得自己有错，反而觉得自己冤得很。

但是，如果能够通过类似"打狗不能装样子"的故事，以我们身边经常发生的事、接地气儿的事来打动员工，使他们发自内心地认同我们的看法，意识到"不遵守规定"的严重后果，那么他们自然就能乖乖听我们说话了。这正是，"以德服人"也。

美国西点军校认为："没有责任感的军官不是合格的军官，没有责任感的员工不是优秀的员工，没有责任感的公民不是好公民。"大到国家、社会，小到公司、学校，都存在相应的规章制度，在这些制度的维护下，国家才得以富强发展，公民才得以平安度日、努力工作创造社会财富。我们应该让员工认识到，规章制度是公司的立根之本。

不过，通过无数的实际例子来看，道理归道理，管理者如果只是将这些理论用"填鸭式"的方式硬塞给员工，通常不会取得成效。唯有以情动人，以生动的故事动人，让员工主动意识到不遵守规章制度的"可恶之处"，再辅以理论教育，方能奏效。

4. 鼓励下属站出来承担自己的责任

一天，一名卡车司机接到公司一项任务，拉一车货物到附近的仓库。由于雇主很急，他需要立即出发。走到半路，卡车司机一个没注意，将停在路边的一辆轿车刮花了。其实，严格说起来，是这辆轿车违规停车了，这里本不允许停车，卡车司机完全可以一走了之，也没人发现。但考虑了很久，卡车司机还是用纸写明情况，插到轿车门柄处。

又过了几天，卡车司机突然接到了一个电话，电话那头的人，正是当日被他刮花车的车主。对方很客气，对卡车司机说："兄弟，我很佩服你，真的。老实说，那天我开车到那里的时候，突然肚子疼，就停车去上了趟厕所。回来看见车被刮花，心里是很气的。但看到你留下了自己的联系方式，我就不生气了。修车的钱我自己付了，你放心。"

后来，卡车司机才知道，这位车主是当地某公司的总经理。又过了几年，那家公司涉足物流领域，需要卡车司机，这位总经理就想到了他，并亲自打电话邀请他。

实战场景

王景恒是一家公司的销售经理，有一次，他接到公司总部的电话，说他的小组中，有一位成员服务态度不好，将一位大客户骂了，而且骂得很难听，现在人家投诉到总部，并扬言要通过法律手段维护自己的尊严，让他赶紧找出"凶手"，以免事情闹大。

王景恒立刻找来组内所有的成员，看着一众年轻的面孔，他没有大发雷霆或拍桌子，只是将卡车司机的故事讲了一遍。众成员一脸茫然，不知道他要干什么，但看得出来，他们对这个故事挺有兴趣，听得很认真。就在故事结束时，王景恒话锋一转，说道："其实，每个人都会犯错，但只要敢承认错误，并担起自己的责任，就算是冲突对立的双方，也可能互生敬佩，你们说是吗？就像故事中的卡车司机。"成员们意识到他想说什么。

果然，接下来，他将总部打电话的事说了出来，并鼓励大家不要怕，勇敢地承认自己的错误，是谁做的，只要承认了，给对方道歉，他会尽可能地向公司说情。

最后，一个小伙子承认是自己骂的，原因是那位客户当时先骂他，骂得很过分，年轻人血气方刚，就回了过去。不过，小伙子也说，自己没有说脏话，只是跟对方讲道理，言辞激烈了一些。最后，在王景恒的带领下，小伙子诚心诚意给客户道了歉。

客户见他们态度好，就没有深究，公司总部也惩罚了小伙子，但表示愿意再给他一次机会，留在公司。鉴于王景恒的处理方式很走心，组内成员更加信服他了。

深度分析——鼓励下属勇于承担责任，但也要给予他们改过的机会

在日常管理工作中，管理者常常会碰到这样的员工：在工作上"玩太极"，当工作出现问题，或有重大任务、难度较高的任务需要完成时，不肯站出来承担自己的责任，反而采取"踢皮球"的方式推诿责任——"这不是我的问题""不在我职责范围呢"。

很多时候，管理者在面对这些员工时，要么斥责谩骂，一副痛心疾首的样子，要么以辞退、降级、扣钱罚款等相要挟，逼迫对方站出来承担责任。然而，这些做法是低效的，遇上职场老油条，不但得不到想要的结果，反而会使自己与下属产生疏离感。

面对这种情况，管理者不可一味地指责，应适当地采取怀柔之策，对员工采取鼓励的方式，为他们分析其中的利害关系，鼓励他们主动站出来承担自己的责任。

事实上，不仅仅是犯错之后承担责任，还有自己职责内应该承担的责任，以及有时候需要主动承担的责任，管理者都应该鼓励员工挺身而出。当然，承担责任就意味着肩上的担子变重，需要花更多心思认真对待。因此，强行逼迫员工是行不通的，只会适得其反，反倒是鼓励的手段，更能让员工接受，从而自发地承担自己的，或更多的责任。

5. 引导下属在工作中及时总结经验

有一次，一名英国科学家做了这样一个实验：把一盘点燃的蚊香放进一个蚁巢，看看蚂蚁们会怎么做。刚开始的时候，巢中的蚂蚁惊恐万状，约 20 秒后，许多蚂蚁迎难而上，纷纷向火冲去，并喷射出蚁酸。可一只蚂蚁喷射的蚁酸毕竟有限。因此，一些"勇士"葬身火海，但它们毫不畏惧，前仆后继，不到一分钟就将火扑灭了。

一个月后，这位科学家又做了一次实验，把一支点燃的蜡烛放到了同一个蚁巢。尽管这次"火灾"更大，但蚂蚁却有了经验，迅速调兵遣将，协同作战，有条不紊。仍然是不到一分钟，烛火就被扑灭了。并且，这一次蚂蚁无一遇难。科学家大为震惊，认为蚂蚁创造了灭火奇迹。更重要的是，蚂蚁们从经验中吸取教训的学习能力，不可思议。

有一次，公司新招进来几名员工，在做新人培训的时候，陈国胜亲自出马，向大家讲了这个"蚂蚁救火"的故事。其间，他看到台下有几个年轻人脸上露出不以为然的神色，于是讲完故事后，他话锋一转："其实吧，从你们脸上我已经看出来了，知道你们在想什么。你们一定是在想：'这么俗套的故事，网上都有人说了，这是有人虚构的。'"

此言一出，台下的人顿时瞪大了眼睛，一名年轻人惊讶地说："老板，您怎么知道，我刚才还真是这么想的，您实在太厉害了。"

陈国胜嘻嘻一笑，说："这就是及时总结经验的力量啊。之前，我在培训你们上几届的师兄师姐时，他们也跟你们一样的表情，当时我不懂啊，就问他们。他们就告诉我了，说网上现在有很多这样的'谣言粉碎机'，早已澄清，这个故事是有人虚构的。"

"但是，我可以明确地告诉你们，"陈国胜说，"我这个故事是真的，和你们看到的那个不太一样。并且，我也想借此告诉你们，虽然时代在变，你们年轻人的想法在变，但只要我及时总结经验，吸取教训，就能跟上你们的思维，猜到你们在想什么了。"

几名新人听后，都十分认同。陈国胜又乘胜追击，说道："所以说，你们以后正式进入工作了，我也希望你们能像我一样，仔细观察，用心分析，及时总结经验，从失败和成功中吸取教训。如此，我敢保证，你们至少比那些不总结经验的人更快成长。"

深度分析——与下属互动，以实际行动引导下属总结经验

不断学习，及时总结经验，总是最有效的使人进步的方法，对蚂蚁尚且如此，对人类就更不用说了。当老板这么多年，陈国胜总爱用这个故事培训新员工。

人总是在不断试错中成长的，从一个新手变成老手，这期间变化的不只是时间，还有工作能力、遇到问题时采取的态度和心理变化等等，而这些知识，是书本上学不到的，只能靠员工一次又一次的实践，从中吸取教训，及时总结经验，然后提升自己。

对工作做经验总结，是做好各项工作的重要环节，也是迅速培养精英人才的高效渠道之一。如今，很多大公司、大企业都在采用类似的学习制度。通过对过去工作的总结，员工可以全面地、系统地了解以往的工作情况，还可以正确认识以往工作中的优缺点，更可以明确自己下一步的工作方向，使自己少走弯路，少犯错误，进而提高工作效益。

此外，通过经验总结，管理者也能及时发现团队中存在的问题，乃至自己在日常管理中存在的问题，进而及时纠正，以免与员工产生隔阂，影响公司的绩效。

但是，这种经验总结不是随随便便就能做出来的，需要经验丰富之人的指导和示范，这个时候，作为管理者，我们就需要承担起自己的责任，对员工进行引导。像陈国胜那样，将经典故事与自己的实际经历相结合，能让员工更信服，坦然地接受。

6. 工作没有差不多

1967 年 8 月 23 日，著名的苏联宇航员费拉迪米尔·科马洛夫独自驾驶联盟一号宇宙飞船进行绕月飞行，在经过一昼夜的飞行后，顺利完成任务的他启程返航。但当飞船进入地球大气层之后，准备打开降落伞减慢飞船速度时，科马洛夫发现，无论用什么办法也打不开降落伞。面对这一紧急情况，地面基地迅速采取措施，却无济于事。

最后，检查结果出来了，一切问题就出在一个小数点上，因为起飞之前，对轨道的计算结果偏差了一个小数点，造成联盟一号无法降落。基地负责人沉重地宣布：宇航员费拉迪米尔·科马洛夫只剩下两个小时的生命，两小时后，联盟一号就会坠毁。

在人生最后的两小时，科马洛夫与家人一一道别。当他 12 岁的女儿出现在电话那边时，他对泣不成声的女儿说："爸爸就要走了，告诉爸爸，你长大了想干什么？"

"像爸爸一样，当宇航员！"女儿大声说道。

科马洛夫突然哭了，说道："我的乖女儿，你真好，可我要告诉你，一定认真对待每个小数点，每一个标点符号。联盟一号今天发生的一切，就因为地面检查时，忽略了一个小数点，这场悲剧也可以叫作'对一个小数点的疏忽'。乖女儿，记住它吧！"

"轰隆……"

整个苏联一片寂静，人们走向街头，向飞船坠毁的方向默默哀悼……

实战场景

杨一航就遇到过这样的员工，不管他怎么说，对方始终听不进去，工作中仍然是马虎大意，凡事只讲差不多。最后，无奈之下，他用这个家喻户晓的故事作为谈话的开场白，然后又介绍了当下最火爆的几个大企业，如华为公司、万达集团、阿里巴巴。

他说："也许你认为科马洛夫的故事离我们太遥远，不切实际。但是，关于华为公司的严格制度，你一定有所耳闻。曾经，任正非为了提升自家产品的质量，特意花高薪从日本聘请了一整支团队作为公司的技术顾问，华为员工为了检查、改善机子的一个错误，可以在闷热的机房打地铺睡七天，不正是体现出他们对'差不多'先生的摒弃吗？"

毫无疑问，这名员工最后还是被说服了，因为他一直以来，都对华为、阿里巴巴这些公司允满了崇敬之情。杨一航的话让他明白，"差不多"先生的确不可取。

深度分析——让下属做到精益求精

中国有句古话，行百里者半九十。意思是，走一百里，走到九十里的时候，路程才算走了一半，而这最后十里的重要程度就占到了一半。

美国人曾经提出过一个理念，即"零质量管理"。后来这一理念被日本人学会，并加以贯彻落实。结果，没过多少年，就催生出了举世闻名的"日本制造业"。

所谓的"零质量管理",就是指一次把产品生产合格,达到零配件、零库存。这种质量管理对加工制造业的好处是难以置信的。通常,我们总认为一次就把产品生产合格只是一种理想主义,因为人总有失手的时候,多预备出一些零件,以备不合格时使用,这叫有备无患。然而日本人却从不提供多余的零件,因为他们相信一次能够把产品生产合格。

可见,绝大多数时候,决胜的关键就在于那最后的一点,如果我们凡事只求差不多,做不到精益求精,一步到位,那么最终的结果必然是为山九仞,功亏一篑。

但是,道理归道理,很多时候,在实际工作中,一些员工还是会不自觉地放松对自己的要求。在他们看来,自己不是宇航员,只是一份工作而已,大不了换一家公司。面对这样的员工,我们很多管理者倍感头疼,无计可施。

从中我们可以发现,一个高明的管理者,不单单要会讲故事,还要懂得将故事与时下流行的、热点的元素结合起来,以此形成符合时代背景的"教育方式",这样才能做到因材施教。当然,管理者也必须向员工灌输这样一个理念:差不多,就是差很多。

7. 任何一份工作都不容敷衍

王佳是一名文物修复员,他曾经修复过一幅《观音举杯图》的壁画,参与修复工作的还有另外一个女孩儿。两个人,修复一幅图，每天工作至少在十个小时以上，工作期间甚至连眨眼都要格外注意，以免失误损坏壁画。

为了剔除壁画细缝里的沉积物，王佳和同事用牙签一点一点地"抠"，有时候遇到"顽固"的沉积物，还必须用牙签蘸特制的化学药水，一毫米一毫米地涂抹，使其溶解，却又不伤及壁画主体。如此繁复的工作，花掉了他们两个月时间。

做完这些，他们还要用特制的填充物、固定物，将壁画缺失的部分复原，将摇摇欲坠的部分固定好，同时还要注意到，所有自己添加上去的东西，要保证是"活动"的，也就是要做到"可以安装上去，也要能取下来"，以保证将来出现更好的替代材料，后人能够轻松地取出他们添加的东西，用更好的材料重新修复壁画。

如此完整地做下来，这幅《观音举杯图》，耗费了他们整整三个月。

实战场景

杨世忠自己开了一家公司，他时常用这些平凡工人的事例来进行职工培训。他还讲过一个保安的案例，说在一个软件园，由于聚集在这里的 IT 公司很多，每天来这里上班的人也很多，轿车、自行车、电动车……各种车堆在一块儿，看上去很杂乱。直到这名保安到来之后，在他严格的管理下，整个软件园的停车乱象被制止了，众人赞叹。

每次讲这些案例的时候，他发现员工们都听得都很认真，有的人甚至表现得很激动。他说："我从不跟他们讲：'你们一定要认真对待工作啊，不能马虎、要认真、要踏实，这样才有前途。'我从不说这些，没用。你得告诉他们，他们当中的能人是什么样的，让他们意识到，自己也是有机会成功的，这样他们才会听你的，按你的指示去做。"

深度分析——用案例让下属明白：工作不容敷衍

在我们日常管理中，经常会听到有员工抱怨自己的职位普通，没有升职加薪的可能，前途暗淡，因而对工作敷衍了事，全不放在心上，大有当一天和尚撞一天钟的架势。这种想法是极其错误的，是对工作认识的不到位，若不制止，必会影响整个团队。

每一份工作都有其独特性，正所谓"三百六十行，行行出状元"。任何一份工作，哪怕看上去再不起眼，再不时髦，只要踏实认真，总有一天会做出大成绩。

同样，做任何工作，只要用心去做，就一定会有更多的收获，如果不用心去做，那肯定做不好。工作不用心，往往会导致我们就工作而工作、就做事而做事，呈现出一种机械、重复和被动应付的状态。在具体工作中看不出问题，找不出原因，拿不出措施，还可能引发新问题。而在即将完工时敷衍了事，执行不到位，就容易在最后关头失败。

然而，在实际工作中，当管理者向员工传输这样的理念，要求他们认真对待工作时，员工常常是一个耳朵进，一个耳朵出。之所以会这样，原因就在于：在平常的工作中，大多数员工所感受到的，就是"我的职位很普通，再怎么认真也没什么前途"。

可见，若要使员工真切意识到"任何一份工作都不容敷衍"的现实意义，管理者也应当下足功夫。如何使员工听从教诲，这也是管理者的工作，且常常被管理者忽略。多花时间收集一些平凡岗位上的工人事迹，用他们的严谨、认真和成功来激励自己手下的员工，这既能有效地鞭策员工，又能体现自己对待工作的用心，使自己更有说服力。

8. 认清自身价值，才能努力使自己升值

有一个女孩儿，上班时总是无精打采、三心二意，临近下班的一两个小时，才象征性地忙一小会儿，敷衍上司，工作常常出错，事情干得一团糟。有一次，刚开完会，经理让她写份会议报告，结果报告上漏洞百出，错误频频，气得经理找她谈话。

但女孩儿显然没有意识到自己的错误，对经理的问话爱答不理，最后被问得急了，一拍桌子，怒吼道："一个月才给我3000块钱的工资，你还想我怎样啊？"

最后，女孩儿一气之下辞职了。她觉得，上班嘛，你给我出多少钱的工资，我就干多少活儿呗。然而，她却从未想过，自己的能力，是否配得上那份工资。

实战场景

有一次，新来的员工张春和向郭世豪反应，说自己的工资太低了，自己是985高校毕业的高才生，在学校成绩一直很好，现在加入公司，理应拿更高的工资，而不是和那些专科三

本毕业的同事一样。面对张春和的诉求，郭世豪跟他讲了上面这个案例。

最后，郭世豪语重心长地对张春和说："其实，我也可以给你开8000块的工资，但你觉得这样没问题么？其他同事会服气么？我工作的第一年，工资是全组最低的，一年下来都没涨工资。但是，我在这一年里努力提升自己。到了第二年，我都没跟上司谈涨工资的事儿，上司就主动给我涨工资，是以前的两倍多，成为全组工资最高的人。"

听着郭世豪的教导，张春和没有反驳，也没有不耐烦，而是十分感动地说："老板，您的意思我明白，您放心，我这就回去认真工作，用结果证明自己的价值。"

深度分析——让员工认清自己的价值

如今，职场中经常会听到这样的话，"辛苦辛苦读了那么多年书，收入竟然还不如农民工。我不干了，不干了！""凭什么我的工资这么低，好歹我也是大学毕业，这点儿钱对得起我十几年寒窗苦读吗？""这破公司，就知道压榨我的劳动力，辞职算了。"

这些话，大多数都出自职场新人，他们刚进社会不久，对自己的工资预期过高，总觉得公司亏待了他们，给的工资配不上他们的能力。面对这样的员工，管理者往往很难说服他们静下心来工作，稍不注意，就会把对方激怒，致使他们"怒而辞职"。

其实，这个时候，管理者若是直接跟员工说："对不起，你现在的能力只值这个价。"这样的话，任谁心里都会感到难受，脾气冲一点儿的还会拍案而起。

作为管理者，我们要做的不是否定员工的价值，更不是告诉对方"你不行"，而是要想尽办法让对方知道自己的错误，而后改正错误，为我们的团队做出贡献。通过实际案例或历史上著名的典故，让员工自发地意识到自己的不足，这才是正确的做法。

古人云："知人者智，自知者明。胜人者有力，自胜者强。"很多员工对自己的低薪感到羞愧，殊不知，比起追问"能不能给我涨工资"，更重要的是"我现在到底值多少钱"。只有先认清了自己，才知道自己有哪些不足，应该往哪个方向突破，又该如何去做。而让员工明白这些，正是我们管理者应尽的责任。

9. 一如既往对待自己的工作

弗朗斯西和杰克进入同一家公司实习，有一个月的试用期，凭表现转正。

实习开始了，两人都积极工作，几乎到了废寝忘食的地步。很快，一个月的试用期即将结束，两人都坚信自己会被正式聘用。就在最后一天的晚上，两人正准备去上夜班，经理叫住他们，说："很抱歉，通过公司人事部的考察，你们两人都没有通过公司的试用，上完这个夜班，你们就可以离开了。"说完，把这个月的工资交给他们后就走了。

两人都呆了，也不知道过了多久，弗朗斯西说："上夜班了，走吧。"

杰克说："你傻吗？我们已经被解雇了！"

弗朗斯西说："可如果我们都不去上夜班，厂里的生产线怎么办？"

杰克说："你想吃亏就自己去吧，我反正不去了。"

杰克离开了，弗朗斯西决定继续去上夜班。他想这怎么能算吃亏呢，公司给了自己一个月的薪水，虽然现在被解雇了，但那是明天的事，今天的夜班还得上。于是，他就像什么都没发生一样换上工作服，去上夜班了，依旧认认真真工作，毫不马虎。

第二天一早，当他收拾好东西，准备走人时，经理却迎了上来，说道："恭喜你，弗朗西斯，你的试用期正式结束，请你明天到办公楼去接受新职位的安排。"

弗朗斯西不解，经理解释道："你们两人都很优秀，但可惜的是，我们只招一位，和你的同伴相比，你对待工作的态度让我们敬佩。"

实战场景

王强是一家销售公司的区域经理，有一次，他因家中有事，就请了一上午的假，下午两点左右才到公司。谁知，刚一进门，他就看到一位员工正在偷玩手机。

他记得这位员工，是五个月前进入公司的，试用期的时候特别用功，每天都比其他同事来得早，走得晚，一度被他评为年度最佳新人。但令人没想到的是，三个月的试用期刚过没多久，这名新人对待工作的态度就来了个180度的大转弯。为此，王强还曾约谈过对方，但当时得到的回答是，"一下子接受新工作，有点儿不适应"。

但是现在看来，很明显这位新人在思想上开了小差。王强当即叫来这位新人，与对方进行了一次深刻的谈话。最后，他向对方讲述了弗朗西斯的故事。

深度分析——端正下属对待工作的态度

很多时候，工作态度比工作能力更重要。能力不行可以提升，但态度不好，就是对自己、对上司乃至整个公司不负责了。身为一个职场人士，对待工作绝不能前后不一，在试用期的时候表现得好，过了试用期就随意敷衍。这样做最终只能是害了自己。

无论从事什么工作，也无论在这个岗位上待了多久，只要一天不下岗，就应该始终如一地认真对待。另外，把每一天都当作"试用期"还有一个好处，那就是可以"归零"。一个人在同一个岗位上待久了，取得一定成绩了，难免会心态膨胀，进而产生懈怠心理；又或者遭遇了失败，积累起沮丧、退却的负面因素。通过每天的"归零"，可以让人始终保持最初的心境，每天都以新面貌迎接挑战。这对于员工而言，是极大的好事。

无论什么时候，对工作都尽职尽责，这样的员工才有资格得到快速提升，也才能在职场里走得更远。如果只是在"试用期"才铆足干劲儿，试用期一过就懈怠工作，这对团队而言，有害无益。作为管理者，我们应让员工意识到工作态度的重要性。

不管做任何事，始终如一，持之以恒，都是奠定成功的基础。作为管理者，我们不能让员工在工作上有所懈怠，这既是为团队的利益着想，也是为了员工好。

10. 如果你不够优秀，就会被淘汰

老鹰会喂食刚出生的小鹰，可是老鹰喂小鹰的方法并不是平等的，而是哪一只小鹰抢得最凶，就给哪一只小鹰。而那些抢不到食物的小鹰，往往会被饿死。这样一来，就能保证活下来的老鹰都是最凶残的，如此代代相传，老鹰也就成了鸟类中最为强壮的种族。

实战场景

唐晓军是一家小公司的老总，最近他辞退了一名加入公司已经 5 年的老员工。临走的时候，这名老员工忍不住向唐晓军讨说法，说自己即便没有功劳，也该有苦劳吧。

唐晓军没说什么，只是给他讲了这个老鹰的故事，最后告诉他："你的确在公司待了 5 年，但你的工作经验还不到 1 年。"

深度分析——让下属具备"优胜劣汰"意识

所谓"生于忧患，死于安乐"，在一个团队中，如果大家都很安逸，没有上进心，没有危机意识，日复一日重复着同样的工作，觉得干多干少一个样，干与不干一个样，时间长了就会滋生厌倦心理，工作的积极性被打磨得一干二净，自然无法

创造出好的效益，公司的发展就会大打折扣。

那么，当团队中有成员每天按部就班地上下班，他们从来不违反公司制度，但也从来不愿意主动担更多责任，如果没有领导安排工作，他们就默默无闻，甘愿做与世无争的老好人。

管理者要及时给这群看起来很稳定的职场中坚力量泼泼冷水，通过讲老鹰类似的故事帮他们建立危机意识。让他们认识到，如果他们愿意做没有危机意识的"鸡仔"，很遗憾，当"黄鼠狼"来的时候，就只有被吃掉的命运。

很多人在职场沉沦并非没有能力，他们原本都是雏鹰，只是在一种模式化的平和环境中待久了，忽略了或者忘记了自己还有飞翔的能力。对于管理者来说，要想让自己的团队更加出色，取得更好的成绩，就必须想方设法让每一个团队成员都"活"起来，比如，不时提醒自己的员工：部门设置考核指标，不达标就面临着淘汰或者换岗，适当的危机感，会让员工在工作中发挥得更好。

总之，职场是残酷的，不够优秀的人避不开被优秀者取代的命运。作为管理者，我们应该尽量帮助员工明白这个道理，并努力使自己变得优秀起来。

正所谓"胜者为王"。不管我们有再多的借口、再多的客观因素，失败了就只能是一个失败者，人们也许会同情，但绝不会乐意接受。因此，我们必须优秀，优秀到保证自己不被他人所淘汰。多学学老鹰，只有先把翅膀锻炼好了，才能成功地冲上蓝天。

11. 工作从来没有捷径，只有脚踏实地

有一天，一个小职员赶着上班，神色焦急，步伐匆匆。因为今天有一件关乎他"身家性命"的大事——一场很重要的会议，会议中的表现将关乎他能否升职。

因此，他绝不能迟到。无奈，他昨晚太过紧张，以至于失眠，早晨起晚了。最糟糕的是还有二十分钟会议就要开始了，小职员急得快要哭出来，一路上不停地对司机说："司机先生，我很赶时间，拜托你走最短的路，拜托了。"

司机不解，问道："先生，是走最短的路，还是走最快的路？"

小职员惊讶了，好奇地问："难道，最短的路不是最快的吗？"

"当然不是。"司机一口答道，"现在是上班高峰期，最短的路都会交通拥堵。你要是赶时间的话便得绕道走，虽然会多走一点儿路，却是最快的方法，耗时最短。"

听了司机的话，小职员决定走"最快"的路。途中，他看见不远处有一条街道，车辆如同鱼鳞一般，一辆紧挨一辆，水泄不通，心下明白过来，那正是他口中"最短"的路。司机所言没差，多走一点路果然畅通无阻，虽然不是"最短"，却是"最快"。

实战场景

有一次，公司新招进来一个人，名牌大学毕业，家里条件

又很不错，这个小伙子能说会道，毫不怯场，为人也很机灵。但是，没过多久，他的问题就暴露出来了，那就是"投机取巧，总想着多认识几个精英前辈，或取悦上司，不肯踏踏实实工作"。

为此，经理刘磊磊特意将他叫到办公室，给他讲了这个故事。末了，经理又对小伙子说道："你很聪明，应该把这份聪明用到工作上，而不是投机钻营。你想想，就算我现在把你提到较高层级的岗位上，您能把工作做好吗，能让那些前辈都听你的话吗？"

小伙子一愣，摇头道："应该不能，我知道，有些师兄实在瞧不上我。而且，工作上的很多东西我确实还未搞明白。"

经理笑了，道："那不就结了，你现在追求人脉关系，搞那些收买人心、投机取巧的小动作，就像是故事里那个一心走'最短'路程的职员，看似走在'近道儿'上，实际上反而将自己推向'拥堵'的深渊。如果你现在踏踏实实工作，现将能力和业绩提升上来，到时候即使你不去拉关系，其他人也会主动找你，你说是不是这样呢？"

小伙子听后，恍然大悟，心想：是啊，我这么讨好前辈们，不就是想搞好我们之间的关系吗。可现在没业绩没实力，大家很难真心跟我结交。如果我先踏实工作，努力提高自己的能力，到时候不用我多说，他们也会主动接近我，这才是真正的"捷径"。

深度分析——打消下属"走捷径"的心思

职场中我们常能听到这样的话："有没有什么方法，能让我快速成功"，"通往成功的道路是不是有捷径啊，跪求大神告知"，"时代变了，走捷径才是聪明人的做法"。

通往成功的路上真的有捷径吗，工作可以取巧吗？答案是否定的。无论是想要获得成功，还是把工作干好，从来没有什么所谓的"捷径"，只有"脚踏实地"。面对那些一心想着"走捷径"的员工，管理者很有必要向他们灌输正确的工作理念和态度。

一切的投机取巧，追根究底，其实都只不过是自欺欺人，不但不利于自己的提升，反而会蒙蔽自己的双眼，让人看不清自己的不足，找不到正确的前进方向。人在职场，唯一的"捷径"就是努力工作，脚踏实地地做事，真真切切地提升自己的能力。

世上没有空中楼阁，再高的楼也须平地起建；世上的路也没有一步到位的，千里之行始于足下。作为管理者，我们务必要让员工明白：团队需要的是踏实干事的人，而不是"寻幽探密"之人，一心寻找捷径，放在正事上的心思就少了，花的心思少了，做事的效率也就降低了。从这个角度而言，所有寄希望于"捷径"者，无不是缘木求鱼。

TO BE A
STORYTELLING
MANAGER

做·会·讲·故·事·的·管·理·者

团队协作与冲突管理，
好故事胜过苦口婆心的说教

1. 提高下属的团队协作意识

有三个士兵，在打完一场惊险的大战后，和大部队走散了，来到了一个村庄。他们又累又饿，想要向村民们借点吃的，可由于连年战事给村民带来了不幸，再加上从事农耕的只是些老弱妇孺，收成不佳，大家都把食物藏着，没有人愿意招待他们。

一名士兵灵机一动，道："我们能用石头做汤，并且做出来的汤非常美味。只是没有煮汤用的锅和水，如果你们借我们一口锅……"

其中的意思不言而喻，村民们一脸兴奋，说："没问题啊，锅我们有。"

不多时，一位村民就回家拿来了一口大锅，大家迅速点起一堆火，将锅架了上去。又有人提来几桶水，倒进锅中，在众人的期待中，士兵开始往锅里放石头。

就在这时，第二个士兵说："不过，要是放点盐，再来点芹菜，它的味道会更鲜美。你们知道的，芹菜提鲜。"一听这话，一位村妇说："巧了，我家还剩一点点。"

又过了一会儿，第三位士兵说："你们闻到没，开始有味道了，芹菜的味道，还有一股奇异的香味，只可惜，还是太单一了，如果能加点萝卜、南瓜、韭菜……"

……

最后，一锅美味的汤煮好了，有人还推来一车酒，士兵和村民们欢聚在广场上，他们一边吃一边跳舞唱歌，直到深夜。第二天，当三个士兵醒来时，发现村民们站在他们周围，问："石头煮汤的诀窍是什么？"

士兵说："没什么诀窍。只要人人都拿出一点东西来，这样就足够了。"

实战场景

雷晓云是一家公司的销售经理，手底下带着七八名下属。有一天，团队里一名新人找上他，控诉一位前辈抢了他的客户。雷晓云觉得不敢置信，心想：我一直强调团队和谐，怎么可能发生这种事。于是叫来那位"前辈"一问，才发现是那新人搞错了。

原来，迫于当下同行业的竞争日趋激烈，市场也渐趋饱和，为了维持并进一步提高公司的业绩和竞争力，公司决定：在同一个经理所带领的小组里，实现有效客户资源的共享。换言之，只要是雷晓云团队的成员开发的客户，其他成员也可以维护。

但是新人刚进公司不久，观念尚未转变，心想：我自己辛辛苦苦开发的客源，说共享就共享了，我岂不是很吃亏？这就是公然抢占新人的资源。越想越气，这名新人就跟雷晓云理论起来。眼见对方情绪激动，雷晓云就给他讲了"石头煮汤"的故事。

深度分析——提高下属的团队意识

一个人的力量是有限的，不可能干完所有事情。但只要团队相互协作，就能轻易干成一个人办不到的事。三名士兵只提供了一块石头，却在所有村民的帮助下煮出了一大锅汤，而对于每个村民来说，他们付出的也仅是一点点食材，这就是合作的力量。

可见，团队就要有这种协作、合作精神。任何一家公司、企业，之所以要制定种种规章制度，其实就是为了团队利益的最大化。就像雷晓云公司的"客户共享"，如果把一名客户完全交给新人维护，成交的概率是很低的。如此一来，等于是浪费资源。但如果有前辈和新人一起维护，成功概率就很大了，新人也可以品尝到成功的滋味。

在管理学上，有个很著名的观点就是："1＋1"是大于2的。在一个团队中，如果成员相互协作，相互支持，那么这个团队所能爆发的力量，远远超出他们单兵作战的效果。员工的团队协作意识，往往决定了一个团队的工作效率以及团队的发展前途。

提高员工的这种"协作意识"，发现团队成员的能力与特质，合理配置团队成员的职责分工，对管理者而言是至关重要的事。而要想提高员工的协作意识，通过简明、生动的故事，让他们真切意识到团结、协作的重要，则不失为有效的方法之一。

2. 鼓励下属分工合作而不是单打独斗

从前，有两个饥饿的人得到长者的恩赐：一根鱼竿和一篓鲜活的鱼。

一人要了鱼竿，另一人要了活鱼。得到活鱼的人转身就把鱼吃了，结果吃完长者恩赐的鱼之后，这人饿死在了空空的鱼篓边。

得到鱼竿的人则向海边走去，他知道海里有鱼，所以打算去钓鱼。然而，当他看到海洋的蔚蓝，用尽最后的力气向海边跑去时，体力不支，累死在沙滩上了。

后来，又有两个人得到了同样的恩赐，一根鱼竿和一篓鲜活的鱼。

不同的是，他们没有分开，而是每餐煮一条鱼，然后一起向遥远的海边走去。最后，两人都活着走到了海边，借助鱼竿钓鱼。从此他们过着钓鱼为生的日子，几年后，他们盖了自己的房子，后来又各自娶了妻子，生了小孩，过着幸福美满的生活。

实战场景

陈启斌的团队里有一名老员工，是销售行业的精英，曾经一个人在一个月里干出了两个五人小组的业绩。也正因如此，这名员工颇为自傲，喜欢单打独斗，不听从陈启斌的集体性工作安排，视其他组员为累赘。为此，陈启斌决定扭转他的这种思维。陈启斌向这名老员工讲了这则故事，说："你很优秀，但也要善于借助别人的力量。"

深度分析——鼓励下属分工合作

一个高效团队就应该像一个蚁群，有时一个蚁群多达几万只蚂蚁，但每一个蚁窝由一只蚁后和若干工蚁、雄蚁及兵蚁共同组成，它们各司其职、分工明细。

蚁后的任务是产卵、繁殖，同时受到工蚁的服侍；工蚁负责建造、觅食、运粮、育幼等；而雄蚁负责与蚁后繁殖后代；兵蚁则负责抵御外侵、保护家园。

大家各尽所长、团结合作、配合默契，所以现在"蚂蚁搬家及运食"的故事，被人们用于诠释齐心协力、团队合作的意义。

管理学大师彼得·德鲁克强调，企业最终的关键是"让员工众志成城，调动员工的积极性与潜能，为企业创造绩效"。

而在每个团队中，可能都会出现故意不配合，缺乏合作精神的员工，作为管理者应该引导他们，而不是一味地警告开除。

首先是要发现问题员工，当有员工总是不配合，与他关联的环节经常出问题时，就要关注问题员工。其次是找其谈话，发现他的过错或不足，进行较温和的劝导，给予其自我认识的机会，并令其改正，重申工作职责和工作态度。当对方给予一些借口或难题，立马帮其解决或给解决方案，必要时亲自示范。最后当他口头承诺端正自己的工作态度，并保证积极做好自己的岗位工作后，你可以连续观察几天，在这期间，你给他的任务最好是比以前更加有挑战性，更加需要他全身心投入，并适当给予处罚，如限制一些福利，工作纪律上更加严格等等。

如今的市场竞争率和淘汰率都在不断攀升，一个企业如果没有一个有效的团队，不会有什么太大的发展，最终很可能被淹没在时代的洪流中。因此，作为一个企业管理者，一定要注意自己的沟通方式，打造出一支真正高效的团队。

3. 决定你未来的不是学历而是学力

某研究所新来了一名年轻的博士，是该所学历最高的一个人。

有一天，单位组织大家到公园后面的小池塘钓鱼，正、副局长一左一右坐在他旁边。这两位局长只是本科生，博士觉得跟他们没干货，于是不怎么理睬他们。

不一会儿，正局长放下钓竿说，"上厕所去咯"，说完便噌噌地从水面上"飘"到了对面。年轻博士吓了一跳，暗道：水上漂？不会吧，这可不是拍电影啊。

正纳闷儿，正局长已经上完厕所回来了，依旧是噌噌地踏水而过。

"怎么回事？"

过一阵儿，副局长也站起来了，也像正局长一样，漂过水面上厕所。这下子年轻博士更是差点昏倒：不会吧，难道我真的到了一个江湖高手集中的奇妙之地？

又过了一会儿，年轻博士也内急了，除了对面的厕所，周围也没有其他厕所了。可问题是，他并不会水上漂啊，天哪！怎么办？到底该怎么办？

憋了半天，年轻博士还是忍不住了，也起身往水里跨。只听"咚"的一声，池塘里溅起一大团水花。两位局长赶紧将年轻博士拉了出来，问他为什么要下水。

年轻博士问："为什么你们可以走，哦不，漂过去呢？"

两局长闻言一愣，旋即大笑："这池塘里有两排木桩子，这两天下雨涨水，木桩被淹没了。但我们知道它的位置，所以可以踩木桩过去，你怎么不问一声？"

实战场景

薛茂成的团队里有两个年轻人，叫陈建伟和蒋荣杰，年纪一样大，但陈建伟是大学毕业生，而蒋荣杰只念到了高中。刚来的时候，陈建伟是看不起蒋荣杰的。

然而，如今两年过去了，蒋荣杰已经成为薛茂成团队里的得力干将，经常被薛茂成委以重任，而陈建伟却依旧为自己的业绩苦苦挣扎，时常有业绩不达标被淘汰的危险。身边的同事也都暗地里笑话陈建伟，说他白读几年大学，真是太没用了。苦闷之下，陈建伟找到薛茂成，提出辞职。薛茂成了点醒陈建伟，就给他讲了这个故事。

深度分析——学历与学习力哪个更重要

史玉柱说过："初中水平跟博士后没啥区别。只要能干就行，我一直是这个观点，不在乎学历，只要能做出贡献就行。"员工是否优秀，并不取决于他的学历。

现如今，有不少这样的年轻员工，他们出身名校，学历很高，不是985本科，就是硕士研究生、博士。但是他们的沟通能力与做事能力却很普通，甚至其中相当一部分的人还在为工作、为生计犯愁。反倒是一些本身学历不高的人，几年工作下来，不但晋升到更高的职位，为人处世、工作能力都能达到一个较高的水平，令人信服。

之所以会这样，就在于高学历者过于依赖自己的学历，忽视了学习力的重要性。学习力，就是学习新知识、新技能的能力。可以说，这是一个人真正的价值所在。

其实，这些"高才生"的学习力是很强的，只是由于某些原因，或是身边围着一群低学历的人，令他们陷入了骄傲、自我满足的状态，从此开始以低标准、低要求约束自己，不再学习新东西；又或是自以为已经取得不错的成绩，不愿意再继续奋斗。

作为管理者，我们要做的就是适当刺激他们，并鞭策、敦促他们时刻保持良好的学习态度，使他们清醒地意识到：在这个学历泛滥，一竿子下去能砸中一堆大学生的时代，学历只是敲门砖，学习力才是关乎一个人能走多远、爬多高的核心竞争力。

当高学历的员工仗着学历吃老本、不思进取、骄傲自满时，管理者可以适当地打压一下这些员工的嚣张气焰，让他们知道自己的"弱小"，然后再鼓励他们继续学习。同时，也可以在团队里树立一个"学历低，但学习力强"的榜样，以此激励员工。

4. 资源共享＋团队精神＝核心竞争力

有五个年轻人准备创业，其中两个女孩儿是一个小队，三个男孩儿是一个小队，两队人都看中了袜业的潜力。不过，两个女孩儿擅长设计和管理，同时对袜子的原材料选取、工艺加工等很有心得，而三个男孩儿则倾向于人事外联，总能找到出货渠道。

两队人经过思考后，决定组成一个大团体，交流彼此的心得体会和知识技术，实现资源共享。这样一来，男队为女队提供出货渠道，女队为男队提供技术指导。

没多久，五人的事业越做越大，还创立了自己的公司。记者前往采访，问到他们成功的秘密，其中一名女孩说："信任团队，资源共享，是我们最大的竞争力。"

实战场景

高学兵是一家公司的销售经理，工作能力非常出色，每年的经理业绩大 PK 上，他总是名列前茅。全公司一共 130 多个经理小组，竞争之激烈，可以想象。关键是，高学兵本身并非那种能说会道之人，因此，很多同事都好奇他是怎么办到的。

有一次，他再一次赢得经理组业绩冠军后，带领自己的组员去庆功，席间一名新加入团队的员工问道："经理，很多同事都好奇您是怎么做到的，教教我们啊。"

高学兵想了想，就跟大家讲了这个故事，说："所以说资源共享最重要嘛。我连自己的车都免费给你们拿去用了，为的就是提高你们服务客户的质量和效率。"

深度分析——如何提高团队核心竞争力

在计算机和互联网的时代，资源的共享，尤其是信息、智力资源的共享，是高效、便捷的最大体现，也是核心竞争力的体现。于不同的企业而言，这是一种互利共赢的模式；于团队内部而言，这是一种更深层次的团队意识，是对团队的最大信任。

如今，有相当一部分的员工缺乏这种意识，仍然保留着"传统"的职场思维，认为钩心斗角、相互算计才是职场人的常态。他们总是尽可能多地将集体资源抓在自己手中，哪怕自己一个人根本无法有效运用这些资源，也不愿与同事分享，死不放手。

作为管理者，我们就应该让员工摒除这种落后思想，让他们意识到，一个团队，大家应该相互信任，将各自的资源拿出来共享。这样一来，你有"张良计"，我有"过墙梯"，彼此相互配合，就能大大提高工作的效率，收获的回报也将更加丰厚。

比如，管理者可以采取一定的制度，奖励那些主动将资源拿出来共享的员工，并设立"贡献榜"，规定为团队做贡献越多的人，可以享受更多团队福利。通过奖励机制，鼓励并诱导员工尝试资源共享，最终在整个团队里营造出资源共享的氛围。

至于那些冥顽不灵，始终视资源为命根，不肯与同事分享的员工，管理者可适当实行强制手段，迫使其执行"资源共享"制度，只要他们尝到了其中的好处，必定会改变心意。如果强制执行仍然不行，对于这样的人，管理者就该考虑，将其踢出队伍了。在当今这样的时代，没有团队意识，仍然崇尚孤军奋战的人，只会阻碍团队的脚步。

5. 不是将其打败，而是让他同你并肩作战

有一只老鼠，一心想要打败动物界"地上最强"的大象。历经千辛万苦，老鼠终于找到大象了。然而，这个时候它才发现，大象实在是太大了，不可战胜。

老鼠咬牙前冲，想从大象的长鼻子钻进去，用身体堵住大象的气管，不让它喘气，迫使大象认输。于是它趁大象在树下乘凉之际，悄悄钻入对方的鼻孔里。

谁承想大象鼻子一痒，就打了个喷嚏，一下就把它给喷了出来。大象怒了，扬言要踩扁老鼠。老鼠一听，顿时吓得魂飞魄散，不要命地溜之大吉了。此后，老鼠总是远远地躲开大象，生怕被对方逮着，日子就这样一天天过去了。

有一次，大象落入猎人设下的陷阱中，老鼠心想："大象现在根本没有反抗能力，只要我在它的要害部位挖几个洞，它就会没命了，我不就战胜大象了吗？"

然而，看到大象痛苦挣扎，老鼠突然觉得，自己应该帮它逃出人类的陷阱，于是偷偷用锋利的牙齿咬破绳网，大象趁机猛地一用力，从巨网中钻了出来。

此后，老鼠和大象化干戈为玉帛，成了一对好朋友。其他动物知道老鼠成了大象的好朋友，再也不敢欺负它了。

实战场景

有一次，毛云芳气冲冲地找到经理刘其伟，说："经理，张玉良那个家伙太可恶了，上次我们合作的那个项目，明明是我

出力最多，结果他到处宣扬是他的功劳。我一定要彻底打败他，让他在大家面前丢脸。请你再给我一个项目吧，我独自完成。"

见她眉宇间透出认真，刘其伟笑嘻嘻地拨出一个项目，但是并未立即给她，而是跟她说："小芳啊，为什么一定要打败他呢，难道就不能用些'手段'，让他成为你的战友，与你一起并肩作战？"然后，他就讲了这个"老鼠对战大象"的故事。

深度分析——如何将对手变为并肩作战的战友

一个团队，其强大的原因不在于它的力量有多强，而在于它能不断吸收新的力量。就像《天龙八部》中，最厉害的武功是北冥神功，能够把对手的内力纳为己用，这样一来，就能越打越强。又像影视作品中那些主角一样，越打朋友越多。

曾经有人评价林肯：对待自己的政敌，态度过于亲切。一个合格的政客，就应该消灭政治敌人，而不是跟他们嘻嘻哈哈。对此，林肯只是说："把政治敌人变成自己这一方的朋友，敌人消失了，反而多了支持你的人，这难道不是一举两得吗？"

把敌人变成朋友，甚至变成战友，这是极高深的智慧，是消灭敌对势力、削弱阻碍力量最有效的方法。但是有的员工不明白这一点，或是明白却控制不住自己的怒火，不但把竞争对手视作死敌，老死不相往来，就连身边的同事也被他们视为"敌手"。

在这部分员工眼中，似乎只有打败竞争对手，胜过其他同事，才能证明自己的价值。殊不知，选择正面对抗，将对手往死里得罪，只是在消磨自己的力量，坚定对方把我们自己当作敌人的决心，这样做的后果，通常是敌人遍地走，朋友却一个也没有。面对这类员工，管理者应当尽量抑制其攻击性和争强好胜的心态，使其学会"交朋友"。

比如，管理者可以尽量安排一些需要相互协作才能完成的任务，使员工有更多的机会进行团队合作，在完成任务的过程中建立良好的友谊和战斗情谊。同时，可以根据员工的个性，为他们分配搭档，有意识地鼓励他们在团队中"找朋友"。

一个团队，如果成员之间都把彼此视作并肩作战的战友，那么"战斗"起来就能相互信任，配合默契；如果彼此都是对方眼中的敌人，眼中钉肉中刺，那么这个团队不需要外部力量打击，就会自行崩溃。作为管理者，我们必须避免这种情况。

6. 暗示下属不与人做无谓的争吵

一只鼬鼠向狮子发出决斗的邀请，却遭到了狮子的拒绝。

鼬鼠挑衅说："怎么，你害怕了吗？"

"是的，我非常害怕，"狮子说，"如果答应你，你就可以得到曾与狮子比武的殊荣；而我呢，以后草原里所有的动物都会耻笑我竟与鼬鼠打架。"

实战场景

部门主管刘睿因为茶水间的卫生问题与另一个部门的职员吵了起来，两个人你一言我一语，互不相让，谁也不服谁。总经理知道后，就把刘睿叫到办公室，给他讲了这个鼬鼠向狮子邀战的故事。

末了，总经理真诚地对他说："你是咱们公司的骨干，作为公司管理干部与普通职员较劲，就算你有理，你赢了，也不会给自己带来好的影响，反而会降低你的威信，拉低你的档次。"

刘睿听了惭愧地说："我今后决不再犯类似的错误了。"

总经理没有上来就指责刘睿没有胸怀，或者劝导他不应与别部门的职员产生冲突。而是先心平气和地给他讲了一个寓言故事，把自己的观点巧妙地蕴含其中，之后提出忠告、寄予厚望，让刘睿口服心服。

如果总经理没有用这个故事作铺垫，他的劝导可能不容易被刘睿接纳，甚至会觉得经理这是偏心，愈加逆反。

深度分析——批评下属也要讲究方式方法

古人说："良药苦口利于病，忠言逆耳利于行。"下属犯了错，选择硬碰硬的批评，必定是说的人生气，听的人上火。因为双方都把批评当成了情绪的宣泄，却忽略了批评的真正日的。

作为管理者，在批评下属的时候，首先要控制住自己的情绪。如果一张口就对下属嚷嚷道："你怎么搞得？""你怎么连这都不会"……很容易伤害下属的自尊心，让问题变得更加糟糕。

其实，良药不必苦口，忠言也可以不逆耳。太苦的药难以下咽，包一层糖衣就能解决。刺耳的忠言会让下属口服心不服，不妨委婉一点、绕个弯儿。

什么是最好的批评？能够启发别人做自我批评的批评，能让人主动改正错误的批评，就是最好的批评。毕竟一个人的进步主要靠内因，靠主观能动性的充分发挥。如果管理者的批评，能够启发下属自觉地做自我批评，便能够有效地激发下属的潜在动力，从而达到批评的最佳效果。

所有的管理者都希望自己的批评能够被下属所接受，并且自觉地采取改正的行动。比如，讲一个合适的故事来暗示下属，让对方主动认识到自己的错误，比直接提出忠告效果要好得多。

7. 教育喜欢抢人功劳的下属

王先生是某地产集团的运营经理，他与下属们群策群力，历经 5 个月，完成了一个重要的项目。公司董事长来检查工作时，他夸夸其谈，全部归功于自己，对下属们的默默付出绝口不提，好像整个项目是他一个人完成的。

董事长非常高兴，当场表扬他，还许诺给他各种奖励，他乐开了花。再看看下属们的表情，充满了失望和气愤。大家私下里痛斥王先生的自私和阴险，从此跟他离心离德，不管做什么，大家都不配合他。有的下属甚至写信给上级检举、揭发他工作中的错误，暗地里发誓，不打倒他决不罢休。

实战场景

占同事便宜，抢人功劳这种事，在职场中时有发生。最近，黄成宝店里的一名新人就遇到了这样一件事，被老同事抢了功劳，结果小姑娘哭着找他告状了。

原来，就在上一周，新来的女孩儿何蓉蓉和老员工张丽华合作完成了一个项目，当时说好的，功劳是大家的，两人都有份。然而，等到项目完成，奖励发下去之后，作为前辈的张丽华却说，自己是老资历，完成项目时出力也更多，理应获得奖励，而何蓉蓉只是一个新人，什么也不懂，没资格分享奖励。就这样，张丽华抢了全部功劳。

何蓉蓉气不过，觉得自己在工作中也付出了很多，不能因为自己是新人，就抹掉自己的功绩，于是找到区域经理黄成宝讨说法。黄成宝听后，没有迟疑，立即叫来张丽华谈话，讲了上面的故事，要求张丽华将何蓉蓉的那部分奖励归还。

深度分析 —— 建立健全的奖惩机制

一个团队想要凝聚力强，就要做到赏罚分明，功过明晰。任何一个成员，只要有功劳就应该得到奖赏，其他任何成员不得以任何借口抢占别人的功劳。

如果成员的功劳和应得的奖赏得不到保障，随随便便就会被他人抢占、夺去，时间一长就会动摇团队信任和团结的根基，会让其他员工产生"这个团队不靠谱儿，继续待下去只会吃亏"的想法。因此，对管理者来说，团队中一旦出现爱抢功劳的员工，必须严加制止并及时扭转他们的价值观。功劳不是抢来的，只能通过自己的努力获得。

另一方面，还有相当一部分员工抱有"以逸待劳"的想法，自己不愿意努力干活儿，怕苦怕累，却又想得到奖励和功劳，为自己的履历增添一笔色彩，于是想方设法地谋夺别人的功劳。他们还抱有传统落后的思想，认为"靠手段算计"是正常的。

对于员工的这种行为，管理者也应当严厉制止，否则，久而久之，就会加剧这种思想的蔓延。到那时，人人都不去努力干活儿，成天只想着阴谋算计，如何抢夺别人的功劳，到头来，损害的还是团队以及员工自身的利益。从这个角度来看，"抢功"是一种对团队危害甚大的行为。但凡有这种心理的员工，管理者都必须予以严厉的教育。

首先，管理者要制定健全的功劳审查机制以及奖励机制，对员工的每一分功劳，尤其是涉及多名员工的功劳，必须一再核实，弄清楚其中每一名员工做出的贡献，然后给予相应的奖励。保证员工的权益，使他们知道：只要付出了，就会有回报。

其次，要建立健全的惩罚机制，针对那些爱抢功劳，尤其是爱抢新人功劳的员工，一定要给他们设立红线，第一次可以予以警告，第二次处以轻微的处罚，再有第三次，必将实施严苛的惩罚，使每一个员工都能以此为戒，收敛自己的贪婪。

总之，对团队而言，做到让有功之人得到应有的奖赏，是"天下归心"的上策；对员工自身而言，制止他们做出抢功劳的行为也是对他们自身的鞭策，以及对他们人格、品质的塑造。一个优秀的新时代员工，不但要工作能力强，更要有人格魅力。

8. 团队成员三观不合，怎么办

在一处水泽边上，有两只相貌丑陋的小鸭子，其中一只黑鸭子不停地拍着翅膀，想要飞上天空。它总是飞起来又跌下

去，飞起来又跌下去，无法实现自己的梦想。就这样不停地飞
飞跌跌好多次，始终还是没能飞起来，反而把自己摔得遍体
鳞伤。

白鸭子就说："兄弟，别飞了，我们是鸭子，不可能像天
鹅一样。"

但是黑鸭子始终不认同白鸭子的说法，说："凭什么我们
就不能像天鹅一样，它们有翅膀，我们也有翅膀，我相信自己
可以的。"它就这样每天不断地练习。

在黑鸭子的坚持下，它的翅膀一天比一天有力，羽毛也渐
渐丰盈起来。终于有一天，它的翅膀宽大而美丽，带着它飞上
了天空。它成了令人艳美的黑天鹅。

再看白鸭子，翅膀由于经常不用，早已萎缩得不像样，连
扑腾几下都费力了。最重要的是，由于黑鸭子经常让它跟自己
一起练习，白鸭子始终认为黑鸭子是在为难它，不愿意跟黑鸭
子一样傻瓜式地付出。黑鸭子说的次数多了，两只鸭的关系也
疏远了。

实战场景

肖雪艳担任公司某部门分管经理的时候，曾经招过一名员
工，是个三十多岁的妈妈，本来觉得能够好好培养一下，到岗
之后才发现，这人的工作节奏很慢。

当时，临近年关，预算、方案、新制度等都紧张而有序地
进行着，有大量数据需要核对计算。本来，这些工作都要用到
电脑、计算机，效率更高，但这位员工却选择用笔来核算数
据，理由是这样比较认真且差错率低。这是个荒唐的借口，肖

雪艳当然不认同，再次追问，才知道她对 EXCEL 掌握得不熟练，不太会用，所以才采用了笔算。

肖雪艳心想：只能教了。谁知道，这名员工却不愿多学习，到处跟人说肖雪艳故意针对她。等到快要评级，决定她是否能转正时，她又可怜巴巴地希望肖雪艳再给她一次机会。可一旦正式进入工作后，她就又恢复原样，做事拖拉，不愿意学习。肖雪艳也明白了，这名员工就是跟她的团队三观不合，无法接受他们这种快节奏的工作模式。

最后，肖雪艳将这名员工叫到办公室，给她讲了这个故事，说："或许你是接受不了我们这个部门的工作模式，或者接受不了我们这个团队的风气，但你必须要改变自己，如果不能的话，可能这份工作就不太适合你了。"

深度分析——如何统一团队的思想意识

俗话说："三观和，长相聚；三观不合，绝不将就。"在一个团队中，如果团队成员与团队三观不合，管理者的很多政策方针、工作思想、计划方案，就很难得到切实的贯彻和很好的执行。甚至管理者也很难通过说教、谈话等方式来改变这种局面。

什么是三观不合？用恋爱中的现象来解释，就是彼此的追求、信仰和做事原则，统统不在一个频道上。比如"你喜欢看书，他喜欢玩游戏"，这不叫三观不合。但是"他偏要说看书有什么用，不就是装文艺嘛"，这就是三观不合，是思想上的不合。再比如，"你喜欢假期去各地旅游，他却说旅游有什么好玩的，不就是花钱遭罪嘛"等等。

说白了，成员与团队三观不合，就是存在思想认知、对待工作的看法和观念不一样。这种不合，寻常的讲道理、换位思考等方法是难以解决问题的。一旦团队中存在这样的员工，管理者不要心存侥幸，要做的是和对方沟通，明明白白地告诉对方，彼此存在的差异在哪儿，然后告诉他：你必须改变自己的想法，融入团队中。

如果员工做不到，无法改变自己的观念，或接受团队的价值观，那么管理者可以尝试将对方举荐到其他部门的其他岗位上。如果对方实在不符合整个公司文化的价值观，那就不用再多花心思了，及时将他们请出自己的团队吧。"三观不合"与其他问题不同，这就是"同床异梦"的诠释，既然给不了彼此想要的，那就分手。

9. 如果下属乱发脾气

众所周知，公鸡爱叫，而且常常叫得震动四野。尤其是每天早晨，公鸡必定迎着太阳叫个痛快，仿佛是在唱歌。有一个脾气暴躁的人，家里养了很多公鸡。

有一天，一只公鸡早叫，打扰了他的睡眠，他起床把公鸡杀了。第二天早上，又有一只公鸡叫早，又被他杀了。邻居见了就问他："你杀了它，谁来报晓。"

"我需要的是能让母鸡生蛋的公鸡，又不需要它叫早，再说，谁让它那么早就叫的，我起得晚，它那么早叫唤，反倒吵着我睡觉。"这人一脸暴躁地说道。

邻居傻眼了，说："你就不能早点起来？或者想点别的办法吗？"

这人吐了一口唾沫，道："我几十年都这样了，难道还会为了公鸡而改变？别的办法太麻烦，杀了一了百了。"他一边说一边用脚踢着还在地上扑腾的公鸡。

邻居摇摇头回去了。此后，这人依然每天杀公鸡，甚至只要心情不好，公鸡叫唤吵到了他，他就杀了公鸡。最后，他家所有公鸡都被杀了，一只都没剩下。

实战场景

吴启刚手下有一名脾气不好的员工，名叫李长河，长得人高马大，小时候练过武术，所以仗着一身力气，性格乖张，稍不如意就会乱发脾气。

有一次，中午的时候，大家都去吃饭了，他一个人在那里算一张报表。因为其中一个数据数值较大，需要用到计算器，他就习惯性地叫人借他计算器。可喊了半天，发现办公室没骂咧咧的，心中的火气一下子就上来了，在那儿骂骂咧咧的，最后还摔东西。

大家回来一看，发现他把办公桌搞得一团糟，知道是怎么回事儿，就告诉了吴启刚。吴启刚觉得不能再让李长河这么乱发脾气了，就给他讲了公鸡的故事。

深度分析——如何应对脾气不好的下属

一个乱发脾气的人，就像一座活火山，不知道什么时候就会爆发。这给他身边的人带来不安全感，因为不知道自己什么时候会成为对方发泄怒火的对象。

因此，从这个角度来说，如果团队中有乱发脾气的员工，是不利于团队和谐的，其他成员都会有意无意地防备着他，告诫自己不要惹到对方，警惕对方可能带来的伤害。在这种的氛围下，彼此不可能默契配合，为了共同的目标而前进。

对于员工自身而言，乱发脾气，也很容易使他们自己陷入被孤立的状态。毕竟，没人愿意和一个经常发火，甚至无缘由地发火的"神经质"一起做事。

但是，这些人自己是意识不到这一点的。爱发脾气、乱发脾气的人，大多有一个共通点，那就是不自信，对外界极其敏感。也就是说，他们的心灵实际上是很脆弱的，一旦工作上稍有不如意，生活中遇到一点点挫折，他们就会做出激烈的反应。

任由这样的人待在团队中而不加以引导，他们还会给其他成员带来消极负面的影响，使得整个团队也变得暴躁、易怒，让团队成员们变得焦虑、情绪激动。

换言之，在团队中，这类人通常扮演"破坏者"的角色，即便他们不是有意的。作为管理者，面对这些员工，我们应该及时舒缓他们的情绪，努力改变他们冲动易怒的性格。当然了，对待他们，管理者也不能像那个养鸡的主人，"一刀杀掉，一了百了"。因为那样做，只会让管理者自己也成为那个养鸡人，最后落到"公鸡全无"的地步。

针对这类员工，管理者能做的就是，当他们发脾气时，及时给予关心，为他们提供一个相对安静，能发泄怒火又不影响他人的场所。千万不要一上去就责问或强行压制对方，阻止对方发泄怒气，那样只会让对方火气更盛，甚至与管理者直接对抗。

然后，通过身边的实际案例，使他们主动意识到乱发脾气的危害，自发减少发怒的次数。另外，管理者也需在团队中进行有关情绪控制方面的培训，让员工掌握基本的情绪控制法，学会收敛自己的怒火。

10. 讲给斤斤计较的下属

林肯，美国历史上伟大的总统。在他第一次竞选总统前夕，曾经在参议院做过一次演讲，其间遭到一个参议员的羞辱。那参议员说："林肯先生，在你开始演讲之前，我希望你记住自己是个鞋匠的儿子。"林肯的父亲，正是一名普通鞋匠。

面对羞辱，林肯微笑应对："我非常感谢你使我记起了我的父亲，他已经过世了，我一定记住你的忠告，我知道我做总统无法像我父亲做鞋匠那样做得好。"

参议院陷入一片沉默，人们对那个参议员报以异样的眼光。只见林肯又转过头，对那个傲慢的议员说："据我所知，我父亲以前也为你的家人做过鞋子，如果你的鞋子不合脚，我可以帮你改正它。虽然我不是伟大的鞋匠，但我从小跟随父亲学习。"

末了，他又对所有参议员说："对参议院的任何人都一样，如果你们穿的那双鞋是我父亲做的，而它们需要修理或改善，我一定尽可能帮忙。但有一点可以肯定，他的手艺是无人能比的。"说到这里，所有的嘲笑都不见了，化作了真诚的掌声。

林肯以博大的胸怀赢得了人们的尊敬，更是两度被选为美国总统。

实战场景

吴胜文手下有一名员工，得失心非常重，一点亏都不肯吃，但凡有一丁点儿她觉得自己利益受损，或是心情不爽的事，她都会闹得天翻地覆，鬼愁神怨。

她会以各种理由推卸不属于自己的工作责任，如："自己能力达不到"，"自己手上的工作已经太多了"，"本来自己做也无妨，但宁愿把机会留给别人"等。

眼见同事犯错，她会在一边偷笑，绝不会提醒同事，更不会相助。但一旦她遇到难关困境，若是别人帮忙帮得晚了，她就会跟祥林嫂似的，不停地埋怨大家。

平时部门里组织聚会，或是几个同事一起吃饭，饭后结账时，她也总爱斤斤计较，拿着单据逐项核对，只要发现自己多出了一块钱，她就会痛斥有人占便宜。

很多同事都对她有怨言，吴胜文不得不找她谈话。但她却不认为自己错了，直言自己如果不"精明"一点，就会被人欺负。于是吴胜文给她讲了林肯的故事。

深度分析——对于斤斤计较、自私自利的团队成员该怎么办

一个团队，就应该和睦相处，互帮互助，成员之间要多一些奉献精神，至少要有一些包容之心，这样才能增强团队的凝聚力，使大家都愿意为这个团队付出。

　　团队中如果出现了过于斤斤计较的成员，凡事都要争个输赢，自己吃不得半分亏，所有不好的事情都想推到别人身上，这对团队来说是绝对不可容忍的毒瘤。他们的存在，会败坏团队的风气，污染其他成员的心灵，致使大家各自为战，你算计我，我算计你，彼此戒备防范，无法全身心地投入到团队工作中去，是破坏团队发展的杀手之一。

　　然而，如今越来越多的员工认为，自己和公司只是简单的雇佣关系，该争的就要争，还要争得彻底，争得不留余地。殊不知，争得越多，就越容易失去，越分散自己的精力，同时将自己推向孤立无援的境地。对团队、个人自身而言都是不值当的。

　　作为管理者，我们应该给予这些"斤斤计较"的员工更多的关注。首先，面对他们的诉求和"争"，管理者要满足他们的正当要求。与这样的员工相处，对他们的合理要求应给予满足，使他们认识到管理者绝不为难他们，应该办的事情都会给他们办。

　　其次，管理者自身要做到一碗水端平，好让他们知道，团队里任何成员的待遇都是一样的、公平的，领导绝不偏向谁。只有这样，面对他们不正当的要求，管理者才可以理直气壮地予以拒绝，使其无话可说，从根源上杜绝员工"斤斤计较"的可能。

　　最后，这类员工的特点，就是在维护自己利益的同时，还会千方百计地想获取额外的利益。说到底，是自私自利的一种表现。基于此，管理者除了要明确团队的规章制度并严格执行之外，定期举行"胸怀的力量"等德育培训，也是必不可少的。总之，"斤斤计较"的员工，对团队的危害是巨大的，管理者应重视起来并及时解决。

11. 下属爱嫉妒怎么办

17 世纪，有个叫穆律罗的西班牙人，是西班牙当时最有名的画家和贵族。他有一名叫塞伯斯蒂的青年奴仆，对画画有与生俱来的天赋，常常向穆律罗偷师。

一天晚上，塞伯斯蒂一时兴起，竟然在主人的画室里画起画来，以至于穆律罗和他朋友们到来，他都没有发现。穆律罗没有惊动这名奴仆，而是就那么看着。

塞伯斯蒂画完最后一笔，才发现身后的主人，吓得跪地求饶。在那个年代，塞伯斯蒂的行为，无异于死罪。贵族们很好奇，想知道穆律罗如何处置这名奴仆。

然而，穆律罗的处理方式出乎所有人的意料，他不仅给了塞伯斯蒂自由，还把他收作自己的弟子。贵族们愤怒了，认为穆律罗这是在破坏贵族的规矩，是在给贵族丢脸，纷纷疏远他，不再买他的画。穆律罗对此不以为然，坚信塞伯斯蒂是他的骄傲。

300 年后，一位历史学家这样记载了这件事：第一，事实证明，改变一个人命运的，往往是他自身的才华，塞伯斯蒂证实了这一点；第二，一个受后人尊敬的人，不仅仅是他的传世作品，更重要的是他的人格，穆律罗正是如此。

实战场景

黄齐超团队中有一名女孩儿，名叫孙虹，性格善妒，有很多出色的新人，都被她施展手段逼走，一些老员工也被她弄得怨气横生，经常跟她发生冲突，弄得办公室乌烟瘴气。远的不说，就在三个月前，团队新来了一名出色的女孩儿，仅仅两个月不到，就促成了一笔大生意，为团队的业绩作出了很大贡献。于是黄齐超当众表扬了该女孩儿。

黄齐超见这个女孩儿是一个可造之才，就把他自己维护多年的一个老客户划给了她。谁承想，这一举动竟引得孙虹嫉妒心爆发，暗中做了手脚，使那名客户与女孩儿产生了误会，最后，女孩儿丢掉一份订单，而团队也损失了一个大客户。

黄齐超得知此事，心中震怒，决定不能再让孙虹这么胡闹下去了，于是约她谈话，给她讲了穆律罗的故事。他说："嫉妒心可以有，但成人之美更受人尊敬。"

深度分析——如何管理妒嫉心强的员工

嫉妒之心，人皆有之。从古老的社会发展历史来看，嫉妒心在一定程度上推动了人类文明的发展。从我们个人的角度来看，嫉妒心同样可以使我们变得有上进心、有进取心。只有看到别人比自己强的地方，并且有与之一较高低的想法，一个人才能不断进步。也就是说，适当的保持嫉妒心，对我们个人的发展而言，并不算是一件坏事。

但是，如果一个团队中，有成员的嫉妒心由于过于强烈，进而驱使他们做出一些违反规章制度、基本道德，乃至违法乱纪的事情，那这种行为就必须阻止了。

一个嫉妒心过强的成员，往往会因为见不得其他成员的优秀，而做出一些过激的事，进而对其他成员造成伤害，侵害对方利益，同时也损害团队的集体利益。并且，如果管理者对此视而不见，或是处理不够及时、不够恰当，还会引发团队的信任危机、安全危机，以及损害管理者公平公正的正面形象。可以说，过于善妒的员工是危险品。

作为管理者，首先要做的是强调我们自身的立场，保证自己公平、公正地对待每一位员工。正所谓"不平而鸣"，很多时候，员工的嫉妒性行为，正是对管理者"不公平管理"模式的抗议。因此，管理者要做到一碗水端平，让员工没有机会抗议。

其次，换位思考，站在员工的立场考虑问题，针对员工的嫉妒心，以及由此引发的一系列行为，管理者不能蛮横地一刀切。只要没有侵害其他成员的利益，及团队的利益，那么管理者应适当引导，给予员工机会，使他们明白：嫉妒心可以有，这是人的奋斗动力之一，但要学会控制，要将这股嫉妒的力量化为拼搏之力，而不是用来耍手段。

最后，也要不定期对嫉妒心过强的员工进行心理疏导，及时帮他们舒缓负面情绪，慢慢使他们认识到：比起嫉妒，跟比自己强的人一起并肩作战，更有意义。

12. 让下属反省自己而不是抱怨环境

有一天，一只乌鸦向东方飞去，途中遇到一只鸽子，大家停下来休息。

鸽子关心地问乌鸦："乌鸦兄，你这是要飞往哪里啊？"

乌鸦愤愤地回答："鸽子兄，你来评评理，这个地方的人都嫌我声音不好，这叫什么事儿，这里是待不下去了，我想飞到别的地方去。"

鸽子听后，连忙忠告乌鸦说："兄弟啊，这问题的核心你没抓住啊，你飞到别的地方还是一样有人讨厌你的。自己若不改变声音，到哪里都不会受人欢迎。"

乌鸦听后，低下了头。

实战场景

刚进入公司五个月不到的王佳佳想要辞职，经理王雷雨找她谈话，问："你才刚来五个月，公司是怎么样的，工作是怎么样的，你都没弄清楚，就要离开了？"

王佳佳满脸的不高兴，嘟哝道："走了，走了，在这里上班太压抑了。每天八点半不到就必须到办公室，别的公司都是九点、十点上班的。同事之间也缺乏关爱，大家只顾着闷头做自己的事，想找人帮个忙都没人应声儿，这就是一家自私冷漠的公司。还有，每个月的工资也就 5000 块，天天让我们自费搞活动，要么就是捐款资助希望小学。经理，我待不下去了。"

听完她的抱怨，工雷雨笑道："这样啊，的确很麻烦呢。不过，据我所知，大家不爱帮忙，是因为你每次请教的都是些鸡毛蒜皮的小事，完全可以自己搞定啊。

"你说公司上班时间太早，但你忘了，我们是一家销售公司，不是 IT 公司，也不是互联网公司，当然只能是越早越好。但我们七点下班，也不晚。

"还有，提倡大家捐款，是帮助大家塑造更好的人格和高尚的品质，公司做活动，是为了让大家生活更精彩，得到更多的关爱，毕竟，大家都是出门在外……"

王佳佳渐渐沉默起来。最后，王雷雨将"乌鸦的声音"这个故事讲了出来，告诉她："佳佳，不管你以后在哪里工作，都一定不要学乌鸦。"

深度分析——如何让习惯找借口的员工闭嘴

在日常管理中，最让管理者头疼的就是员工的抱怨。只要工作出现问题，很多员工都会习惯性地把原因归到外部环境上，很少有人从自身找原因。如上班迟到是因为堵车，工作没完成是因为团队里其他人不配合，自己工作不在状态是因为公司太压抑。

此类借口看上去似乎无伤大雅，再加上很多员工都这样，所以管理者常常睁一只眼闭一只眼。殊不知，团队之所以效率低下，员工之所以频繁出问题甚至辞职，就是因为管理者没有及时遏止这种"抱怨环境""找借口"的现象，致使员工心理更加松懈，最后形成一种逃避心理：只要自己工作出错，或心情不好，就是公司的错，自己没错。

一个员工如果总是习惯于找借口，这就表明他并不是偶尔失误，而是经常性失误，起码证明了他的工作态度有问题。所以，给下属一点压迫感，对工作有好处。

马云曾经说过："请你来是解决问题而不是制造问题，如果你不能发现问题，或解决不了问题，你本人就是一个问题。"他还说："让解决问题的人高升，让制造问题的人让位，让抱怨问题的人下课。"所以马云从不听员工失败的借口，只看做事的结果。

当然，我们不可能做到百分之百的"以结果为导向"来管理团队。我们只能尽量去引导员工，让他们学会反省自身。

首先，管理者可以明确规定：员工的哪些行为是属于"找借口""抱怨"的范畴，然后明令禁止这些行为。比如工作出现问题后，不能满口"都是公司的流程太复杂，拖延了我的速度"，"都是同事不配合"。像这样明显的抱怨之语，不得挂在嘴上。

其次，可以设立一个"失败总结"的流程，当员工工作出现问题后，要求他们在规定时间内，必须上交一份报告：写明自己是在哪个环节失败的，为什么会失败，如果重新再做一次，应该怎么避免再次失败……如果实在写不出来，也务必要求员工向管理者自己，或是其他同事请教。总之，要逼迫他们去反思自己的行为，找出自己失败的地方。

13. 职场法则：先付出后收获

《圣经》中记载了这样一则故事：

在很久以前，有一位爱民如子的国王，在他的英明领导下，人民丰衣足食，安居乐业。但国王并未因此满足，深谋远虑的他十分担心，当他死后，人民将无法继续过着幸福的日子，于是他召集天下有识之士，命令他们找寻一个能确保人民幸福的永世法则。

一个月后，三位学者把三本六寸厚的书呈给国王，说："国王陛下，如今全天下的知识都汇集在这三本书内了，只要人民读完它，就能确保他们的生活无忧。"

国王却不这么想，他认为，人民不会花那么多时间来看书。所以他命令这些学者继续钻研。两个月后，学者们成功地把三本书简化成了一本。但国王还是不满意。于是又过去了一个月，学者们把一张纸呈给了国王。国王看后非常满意，说："很好，只要我的人民日后都真正奉行这宝贵的智慧，我相信他们一定能过上富裕幸福的生活。"

国王说完后便重重地奖赏了学者们。原来这张纸上只写了一句话：

天下没有不劳而获的东西。

实战场景

黄学斌大学毕业，进了一家 IT 公司当程序员。然而，几个月下来，他总感觉公司对他们新人有歧视。同样的工作能力，老员工享有的福利待遇要好一些，遇到节假日，老员工优先享有不值日的权利。黄学斌觉得，大家都是凭本事吃饭，怎么能这样子呢，还讲什么员工资历，又不是国企。如果早知道是这样，他就不来这家公司上班了。

他的抱怨被经理知道了，就将他叫到办公室，说："为什么不满呢?"

黄学斌就把自己几个月积压下来的不爽全部说了出来，经理听后，说："你只知道那些老员工比你们享有更多优先权，那你知不知道，前几年公司遇上发展困境，当时很多员工出走，差点儿让公司倒闭，正是如今你口中这些老员工，凭借自己的坚守，让公司挺过难关，重新活了下来。那段日子，他们吃的苦是你们不能想象的。如今给他们各种优厚的待遇，不过是在支付他们之前应得的东西，而你们，才是坐享其成的人。"

说完，经理又给他讲了这个国王的故事，说："小黄啊，天下没有免费的午餐，只有先付出才有收获，你要做的不是抱怨，而是努力付出，做出自己的贡献。同样，当看到别人在享受大丰收时，请记住，不要去嫉妒对方，人家一定是付出了代价的。"

深度分析——人在职场，不可能坐享其成

我们常说："天下没有免费的午餐。"但在现实生活中，智商正常的人都知道，一个人是不可能不劳而获的。但为什么还是有那么多人抱怨自己"得不到"呢？这就涉及另一句古话"不患寡而患不均"了。很多人之所以抱怨，觉得自己"得不到"，实际上源自于他们通过对比别人和自己的收获，发现自己比不上对方，进而产生了不满情绪。

在我们的团队中，很多员工也是这样，他们就像黄学斌，看到其他同事的薪水比自己高，待遇比自己好，就会在心底暗暗比较，然后得出结论：他也不比我强多少啊，工作能力大家都差不多，凭什么他的工资就比我高？凭什么老员工的待遇就比我们好？凭什么他可以晋升我就不能呢？一定是他们背后有关系，走了后门，这样的公司不待也罢。

因为自己没能得到，或者得到的比不上别人，就在心里腹诽、诽谤别人没有付出，认为凡是强过自己的人都是关系户，都是不劳而获的人，进而在心底产生负面情绪，或是抱怨公司，或是自暴自弃，或是从此消极对待工作。这样的心态是不

行的。

在一个团队中，没有任何人可以不劳而获，作为团队的管理者，我们有必要让员工明确一点：在这个团队里，你只有先付出了，才能收获回报，不付出就没有回报。如果其他同事得到的回报比你多，那么一定是因为他付出的比你多。通过这样的方式消除员工的抱怨，使之不会陷入"患不均"的状态中去，这样才能全心全意投入到工作中。

此外，管理者也要给员工树立好榜样，那种走后门、靠裙带关系上位之类的事情，最好不要发生在自己管理的团队中。只有管理者身先士卒，做好了榜样，明确了"有付出就会有回报，不付出就没有回报"的团队铁律，员工在遇到问题的时候，才会第一时间从自身寻找原因，而不是对团队制度以及管理产生怀疑，误认为不用付出也能成功。很多时候，员工之所以期盼不劳而获，也是因为见到了此类负面行为，而管理者未加引导。

总之，正如国王留下的"宝藏"上所说的那样，天下没有不劳而获的东西，尤其是在现代职场。管理者要以身作则，为员工做出表率，引导员工努力地去工作。

焕发激情斗志，
那些让下属热血沸腾的故事

1. 开导按钮式员工

　　约翰和哈里同时进入一家蔬菜贸易公司。约翰涨工资、升职，而哈里却没什么变化。哈里非常不解，向总经理抱怨。总经理就向哈里下达了一个命令："这样吧，公司现在打算预订一批土豆，你先去看一下哪里有卖的，回来后我再回答你的问题。"

　　于是，哈里买土豆去了。半小时后，哈里急呼呼回到办公室："二十公里外的集农蔬菜批发中心有土豆卖。"

　　总经理又问："一共有几家卖土豆的？"

　　哈里挠了挠头说："我刚才只是看到有卖的，没有留意有几家，你等一会儿，我再去看一下。"说完又急呼呼跑出去。

　　二十分钟后，哈里喘着气回来了："报告，一共有二家卖土豆的。"

　　总经理再问："价钱是多少？三家的价格都一样吗？"

　　哈里又愣住了，挠了挠头说："总经理，你再等一会儿，我去问一下价格。"说完，又要往外跑。这时，总经理叫住他："你不用再去了，你帮我把约翰叫来。"

　　十分钟后，约翰从办公室出来，买土豆去了。四十分钟后，约翰回来向总经理汇报："在二十公里外的集农蔬菜批发中心有三家卖土豆的，其中两家是0.9美元一斤，但一个老头的只卖 0.8 美元一斤。我看了一下他们的土豆，发现老头的最便宜……"

等到约翰汇报完，总经理让他先出去了，然后对目瞪口呆的哈里说："你都看到了吧。如果你是总经理，你会给谁加薪升职？"哈里惭愧地低下了头。

实战场景

易兆云团队中有几个员工，进入公司好多年了，还在基层岗位上奋战，同期的很多同事都已经成为组长、经理，甚至更高的职位。对此，这几名员工也很费解，在背地里议论，认为这一切都是易兆云的缘故，因为他不懂得带团队，才让他们无法晋升。

但是易兆云很清楚，他们之所以得不到晋升，就在于他们缺乏工作的主动性，老是像青蛙一样，"刺"他们一下才跳。也就是现代职场上常说的"按钮式员工"，只有在上司发布命令后，他们才会工作，没有得到命令，他们就不做，或不愿意做事情。

为此，易兆云特地开了一场"组内老员工大会"，会议上他将这几名老员工的问题一一指出，并给他们讲了这个"买土豆"的故事，听完几名老员工满脸羞愧。

深度分析——如何让按钮式员工自动自发

绝大多数团队中，都不免有这样的员工：他们只做上司明确要求他们做的事，像电脑键盘一样去执行，看起来很勤奋、很辛苦，也很守纪律。但他们从不会把工作做得更深入，从不主动去考虑事情，也不会想到把工作做多一点或延伸一点。他们就像机器，按一下按钮才会动一下，这就是所谓的"按钮式"员工，一种永远等待指挥的群体。

团队中，"按钮式"员工的危害不容小觑。他们不仅会造成"工作懈怠，懒惰消极"的风气，还会影响生产工作的顺利进行，导致生产任务无法顺利完成，最终导致企业和员工利益受损。因此，对于这种现象，管理者绝不能熟视无睹，任其滋生蔓延。

按钮式员工显著的特点有三点：一是"懒"，只愿做安排好的任务，额外的工作对他们而言是很耗心力的事；二是"怕"，怕出问题了背负责任；三是"旧"，工作方法与思路单一，长期习惯于传统的行政命令手段，满足于上级指挥，缺少创新精神。

针对这三点，管理者可从两方面入手：第一，加强监督管理和治懒、治庸工作，建立健全的考评制度，使"按钮式"员工失去生存土壤；第二，完善奖惩机制，大力营造"想干事的人有机会、能干事的人有舞台、干成事的人有地位"的良好氛围，实行优胜劣汰。从这两方面入手，促使那些"按钮式"员工转变思想，真正把心思用在干事上。

2. 激励下属把逆境转化为工作的动力

五年前，一对兄弟结伴来北京求职，在一家饭店做服务员。领班是个工作严谨的人，兄弟俩刚来时，没有工作经验，很多常识都要领班临时去教，领班特别生气，教的时候态度不是很好，经常大声训斥他们。哥哥受不了领班的"鸟气"，愤而辞职了。

弟弟继续留在饭店挨训，但是没多久，他就不挨训了，因为他进步很快。两年后，老板在另一个地方开了个新店，领班向老总推荐弟弟，让他当了新店的店长。

哥哥离开饭店以后，也连续找了几份工作，但每一份工作他都干不长。比如有一份工作是卖鞋，因为一位顾客很挑剔，几乎将店里所有的鞋都试完了，最终还是没买。哥哥就气不过，觉得自己这么辛辛苦苦地把这些鞋拿出来，又放回去，被顾客耍了，于是对顾客破口大骂，说了很难听的话，最后顾客投诉，鞋店经理就把哥哥辞了。

哥俩再次见面后，弟弟看见哥哥很落魄，冬天的衣服剪了袖子当夏服穿，很是心酸，就说："哥，你脾气太冲，一点儿委屈都受不了，这样不行。你知道吗，其实我很感激当年那个领班。正是他的严格要求和苛责，使我暗自发誓，一定要做好。"

实战场景

宋春杰刚刚大学毕业，所以很不适应职场生活。上周末，因为把一份数据算错，被师傅大骂了一顿。这还不止，师傅还让她把错误的数据单拿回家，用周末的两天时间改过来。俗话说，失之毫厘谬以千里，一份数据算错，要想厘清，必须把前前后后一堆数据单都看一遍。于是，整个周末，宋春杰在加班中度过。

想到这些，不曾吃过苦头的宋春杰哭了出来，找到经理向东伟诉苦，末了还说自己干不了这份工作，想辞职。看着想打退堂鼓的小女孩儿，向东伟讲了这个故事。

深度分析——如何激励下属在逆境中成长

如今，很多新员工从小在温室长大，没吃过苦，也没打过什么败仗。尤其是那些从小就学习好，在老师、同学的夸奖声中长大的员工，心灵格外脆弱，一进入职场，稍微遭遇一点挫折，或经历一次小小的失败，就对自己产生怀疑，失去再战的信心。

这样的员工，于他们自身而言，做事情缺乏百折不挠、越战越强的勇气，在以后的人生中也很难做出大的成就。于整个团队而言，也最容易影响团队的凝聚力。

比如，在团队发展顺风顺水时，这些人就会趋之若鹜地聚集过来，一旦团队遇到困境或发展停滞，他们就会恐慌、不知所措，甚至还会有意无意地散播一些"恐怖谣言"，打击其他团队成员的信心和士气，致使团队"树倒猢狲散"，极具破坏力。

从这个层面来说，不能在逆境中奋战的员工，是典型的"欺软怕硬"，只能同甘，不能共苦的。因为"苦涩"的困难和阻碍，会轻易击倒他们，使他们溃败。

因此，作为管理者，面对这些"软弱"的员工，必须想办法激发他们的斗志和士气，让他们敢于迎难而上，敢于在困境和逆境中把阻力化为动力，冲破一切。

首先，管理者在教育他们时，要注意自己的用词，不要用

"你们现在已经到了最危险的时候"这类"恐吓语",因为他们本来就对逆境存有畏惧之心。管理者应该尽量淡化这种恐惧,告诉他们:"如果是你们的话,一定能行的。"

然后,管理者可以尝试模拟一个场景,让他们觉得自己已经身处逆境之中了,然后再一步步引导他们冲出逆境。但是,这个场景的设置,难度不能太大。

比如,管理者可以交给他们一个稍有难度的任务,等到他们完不成或完成得不够好的时候,适当"刺激"一下他们,再让他们自己找方法。这样,有了一次成功的经历后,当他们再次面对逆境时,就有了足够的经验和勇气,而不会不战而逃。

一个稳定的团队,需要的是既能打胜仗,也能在打败仗之后重新站起来的队员。如果不能在逆境中成长,不能在失败之后再站起来,那这支队伍就是失败的。

3. 告诉下属职场吃点苦头才能成长

有一块巨大的石头,其中一半被做成了佛像,受千万人跪拜,另一半被做成了台阶,受风吹雨打日晒。一晃几百年过去,台阶越来越低贱,佛像越来越高贵。

台阶不服气地问佛像:"我们本是一块石头刻出来的,凭什么人们都来踩我,却对你磕头跪拜呢?"

佛像说:"因为当初你只挨了一刀,而我却经历了千刀万剐,千锤万凿。"

台阶沉默了。

实战场景

新来的黄新伟很能干，学习能力很强，很多东西一教就上手。经理刘彤云很看重他，给他布置了很多难度较高的任务，希望磨炼磨炼他，让他更快地成长。

然而，黄新伟却不这么想，觉得经理是在故意为难自己。同期来的同事，每天就是熟悉一下公司业务，然后背背企业文化，在师傅的带领下，完成几个简单的任务就好。偏偏到了他这儿，不但要做这些，还要跟师傅一起完成项目，配合团队工作。

看着其他小伙伴每天六点就下班，自己七八点还在忙着"奔赴一线"，不堪忍受的黄新伟找到经理刘彤云，抱怨自己的不公正遭遇。经理刘彤云听后，说："蜘蛛侠的叔叔不是说过么，能力越大，责任越大呀。"说着就给他讲了"大佛"的故事。

深度分析——如何激励下属承担挑战性强的工作

如今，许多年轻的员工追求更好的办公条件，比如优雅的办公室、舒心的办公环境和气氛、轻轻松松就能搞定的工作任务……一旦遭遇苦点、累点的活儿，就开始抱怨，认为公司条件不好，上司只会故意折磨下属。更有的人，工作进行到一半就撂挑子不干了，原因是"太辛苦，不符合我的价值观"。

每个团队中都会有很多这样不愿吃苦的人，作为管理者，我们该如何与他们沟通，让他们主动接受有一定难度的任务呢？

第一，要放下"架子"，学会尊重。以尊重、重视下属的方式来激励他们承担并完成任务，其作用远比物质上的激励要来得更持久、更有效。管理者如果趾高气扬，下属的合理做法得不到应有的尊重，就会失去民心，最后成为无人信服的"孤家寡人"。

第二，要勤于交流，善于沟通。良好的沟通，是拉近人与人之间距离的一种方式。对领导干部而言，与下属进行沟通是至关重要的。因为领导者要做出决策就必须从下属那里得到相关的信息，信息只能通过与下属之间的沟通才能获得；同时，决策要得到实施，就要与下属进行沟通。再好的想法、建议、计划，与下属沟通不畅也是白费力气。

实际工作中，部分管理者由于与下属缺乏沟通，对其工作情况和生活困难不管不问，导致下属自认为不被理解，感受不到组织关怀，产生消极情绪。这时，一个优秀的管理者，就要及时靠上去，通过沟通来影响甚至改变下属对生活乃至对工作的态度。

第三，要委以重任，授予权力。每个人的精力都是有限的，作为一个管理者，必须学会"放手"。"放手"不等于放弃权力，对下属的工作不管不问。所谓"放手"，是为了使下属增强责任感与使命感，以调动其工作积极性，让他们觉得自己是在"独挑大梁"，肩负着一种重要的职责，激励他们承担和完成挑战性强的工作。

现实中，一些管理者干劲很足，每天忙得不亦乐乎，但总是事必躬亲，对下属极度不信任，不敢放手让下属做事。这样不仅降低了下属的活力，自己也孤掌难鸣、事倍功半，不会有好的工作效果。把一些重要的事交给下属做，表现了管理者对下属的信任，其他任何方式都不如这种领导方式来得更直接、有效，会极大地激发下属的工作热情。

第四，要设置目标，奖惩分明。工作没有目标肯定不行，目标不在于多，在于合理、适当、可行。目标过高，会让下属觉得不切实际，难以完成，因而变得颓废和丧失自信；但如果定得过低，同样不利于工作积极性的调动。因此，目标贵在合理可行。

此外，奖惩分明是实现工作目标的手段。工作中我们时常发现，一些管理者没有公平执行奖惩制度，遇事"一刀切，一锅煮"，致使下属产生"干好干坏都一个样"的不良思想倾向，工作动力不足，主动性不强，缺乏干劲。严明的奖惩，是对下属的努力和成就的认可，不但可以提高工作效率和士气，也可以使下属信心倍增，勇于完成挑战性工作。

任正非就说过，华为给员工的好处就是"苦"，没有其他。"苦"过之后有成就感、有自己改善收入的幸福感、有看着公司前进方向的强烈信心和憧憬……

4. 让下属逼出自己的潜能

很多年以前，日本报道了这样一件事：

一名日本妇女趁幼儿熟睡之际外出购物，回家时在巷口恰好看到幼儿从阳台上坠落。顿时，四周响起一片惊叫。

这名妇女吓疯了，当即哭着飞奔到楼下，本能地张开双手接。也许是老天保佑，她竟奇迹般地接住了自己的孩子。

按理说，三岁幼儿体重约十五公斤重，从五楼坠下，在重力加速度的作用下，在即将到达地面时，那股力量绝非常人所能承受的，何况一个年轻的弱女子。唯一的解释是她的身份是母亲，孩子出现危险，激发出了她内在的潜能。

类似的事件在世界各地都有发生，残障母亲连人带轮椅救起自己落水的孩子，年轻母亲手抬汽车救儿子，泥石流中父亲单手举起幼儿，自己却被活埋……

实战场景

张晓龙的团队最近来了一个名叫钱书磊的新人，211院校毕业，为人也很谦逊，根据其个人履历，可以看出在学校的表现也是非常出色的。但是令张晓龙纳闷的是，就是这样一个出色的年轻人，进公司四个月，竟然一个单子也没开，太意外了。

张晓龙所在的公司是一家中介公司，根据公司制度：新人三个月还不开单，就会成为预备的淘汰人员，六个月还不开单，就会直接淘汰。张晓龙很不愿意淘汰这个钱书磊，可规定就是规定，不能破坏。想来想去，他想到一个好办法。他给钱书磊下了一个死命令，半个月之内，如果还是不能开单，就别等公司通告了，自己利索地走人吧。

接到这个命令，钱书磊很是不情愿，颓废地说道："经理，你还是直接开了我吧，半个月内开单，这根本是不可能的事，按公司规定，不是还有两个月么。"听到他的丧气话，张晓龙什么话也没说，只是意味深长地给他讲了这位母亲的故事。

深度分析——鼓舞下属士气的话怎么说

在一个团队中，总少不了这样的员工，他们习惯将"臣妾办不到啊"，"我的能力就这样了，再难的工作我干不了"，

"我不行的"这样的话挂在嘴上，自己给自己设限，不敢迎接更高的挑战。这样的员工，看似有自知之明，但实际上，却是对自我的放松和低要求，如果任其发展，会逐渐消磨他们的斗志，最终成为不思进取的蛀虫。

作为一名管理者，应该想办法刺激员工的思想和行为，必要时制造一点冲突，以激发员工的斗志和潜能，防止员工在"平静中休克"，在"无声中死亡"。

能有效激发员工斗志的鼓励话语，无非是多拍下属的"马屁"。万宝盛华的一份报告显示：在软性工作环境上，所有参加调查的人员都将"领导关怀下属，给予必要的认可和鼓励"作为首要环境。管理者言语上的鼓励，有时候比物质激励更重要。

鼓励不是说几句漂亮话就行，一定要真诚客观。不真诚的鼓励会给人一种没有认真对待的感觉，使员工产生不被尊重的负面印象。有的管理者总是在批评员工之前，先虚情假意地表扬鼓励一番，滥用鼓励，此后形成条件反射，鼓励的价值就削弱了。

一个高明的管理者，通常会采用以下句式来鼓励员工：你已经想到这一点了，不妨再深入探讨吧；在那种情况下都能做，这个就更没有问题了；责任我来担，你尽力去做做看吧；距离成功不远了，再加把劲；都寄希望在你身上了，一定要全力以赴！……

对于才华稍欠的员工，也不能让他们松懈，可以定期制定末位惩罚机制，使他们不敢放松自己，持续拼搏。同时，不定期地给他们布置一些"跳一跳够得着"的任务，一步一步激发他们的潜能。潜能是每个人都有的，不管有无才华，区别只在于，有才华的人想要挖掘潜能，相对容易些罢了。所以管理者在这方面，完全可以一视同仁。

5. 说服人才加入自己的团队

1983 年，当时的苹果公司还不像今天这般辉煌，乔布斯积极地搜寻着能与他一起作战的伙伴。百事可乐前总裁约翰·斯卡利成为他的首选目标，此人以出众的市场把控能力闻名于世，他希望将这家伙拉进自己公司，于是对斯卡利说了一句著名的话："你是想卖一辈子糖水，还是跟着我改变世界。"

就这样，斯卡利被打动了，选择与乔布斯一起改变世界。

实战场景

秦慧彪自己开了一家餐饮店，凭借过人的手艺，很快赚取了高额利润。有了底气，他就想着扩张自己的店面，最好是在临街开几家分店。说干就干，他迅速联系了几位创业咨询老师，向他们请教自己应该怎么做。老师告诉他，首先要物色几位高端人才。

得到指点，秦慧彪想到了自己一个朋友的侄子，这小子是重庆大学毕业，在重庆本地来说，这所学校的含金量是非常高的，如果能请到他，应该能帮到自己很多。

然而，当他向对方提出自己的想法时，人家却坚定地拒绝了。在那位大学生看来，自己以后是要进摩天大楼工作的，到饭店去"端盘子"，瞬间显得没档次了。焦急之下，秦慧彪想到了曾经看过的小故事，于是给对方讲了"乔布斯力邀百事可乐前总裁加盟苹果"这个故事。

深度分析——什么样的说服更有感染力

一个优秀的团队，必须具备各种类型的人才，才能在当今这个竞争激烈的时代稳定前进，搏击风浪。但是，人才大多是有傲气的，或执着于梦想，或看重情义世无双，或在乎平台的发展潜力和自己的晋升空间。如何吸引人才，令广大管理者头疼。

有个 30 多岁的业务员，为了销售公司的产品，整整一年没回过家。到了年底，他创造了全公司销售业绩第一的成绩，获得销售冠军称号。按照公司规定，他应该得到 3 万元。但是庆祝会开完之后，他却只拿到一万块钱的销售提成，他十分愤怒。

就在这时，老板约他去吃饭。当他匆匆忙忙赶到酒店时，一下子傻眼了，在酒店的包厢里，除了他一年没见的父母和妻儿，再没有旁人。老板笑呵呵地说："来，辛苦了，好好吃一顿团圆饭吧。"然后对他的父母亲说道："感谢两位老人，为公司培养出这样优秀的人才，我代表公司向二老表示深深的敬意！这一万块是我们公司的心意。"

又对他的妻儿说："对不起你们，公司对你们关心不够，这一万块是给你们的，是要感谢你们，你们有一个好丈夫和一个伟大的父亲，却被我们占用了时间。"这时，这个业务员再也忍不住，哭着说道："老板！你放心，明年我一定还是最优秀的！"

首先，管理者本身要"多学"一些东西，尽量做到"博学多才"。举个例子，你想要招一名优秀的程序员，你自己起码要懂一些这方面的知识。你懂得越多，和人才之间的共同语言就越多，就越能触碰到对方的价值观和梦想，然后有针对性地吸引他。

其次，管理者要坚定决心。吸引人才加入自己的团队，实际上就跟追女孩儿一样，要让对方认可你、接纳你，愿意跟你一起努力、打拼。这就需要管理者坚定决心，不要像路边大爷打招呼似的，"你来吗？""你来吧"……这样没有诚意的邀请，是很难打动那些真正的人才的。对他们而言，他们不缺高薪的工作，缺的是"刘备"。

最后，向人才展示出自己团队的发展潜力。毕竟，一个人的发展平台很重要，选择了一个错误的平台，很容易导致本来的人才最后成为废材，选对了平台，也可能让原先的废材成长为人才。因此，管理者必须让对方明白一点：我们的团队，是一个优秀的、有发展潜力的、一定不会让你失望的平台，选择我们，加入我们，你不会后悔。

总之，想要保持团队的活力和发展潜力，不断补充新鲜人才是必不可少的。绝大多数人才都有充分的选择权，所以管理者必须引导他们发现自己团队的亮点。

6. 让下属学会独立思考

有一天，古希腊大哲学家苏格拉底给弟子出了一道题目。只见他从皱皱巴巴的短袍里面掏出一只苹果，目光深沉地对青年们说，这是我刚从果园里摘下的一只苹果，你们闻闻它有什么特别的味道没有。他拿着苹果走到每一个学生面前，让他们闻闻。

靠他最近的那个学生率先说道："我闻到了苹果的香味儿。"苏格拉底继续走，其他学生也纷纷说自己闻到了香味儿。最后，苏格拉底走到柏拉图面前，柏拉图闻了闻，然后慢慢地说："老师，我什么味道都没闻到。"同学们十分地诧异：怎么可能呢？

一只熟透的苹果，怎么会什么味道都没有？所有同学都笑了起来，苏格拉底却赞赏地看着柏拉图，把他拉到自己身边说："你们不要笑，只有柏拉图是对的。"

原来，那只是一只蜡做的苹果，又哪里来的香味呢。苏格拉底说："永远不要用成见下结论，要相信自己的直觉，更不要人云亦云。我拿来一只苹果，你们为什么不先怀疑苹果的真伪？不要相信所谓的经验，开始质疑的时候，哲学和思想才会产生。"

实战场景

李娟是赵丽娜手下最得力的干将，业务能力非常出色，加上又是公司的老员工，加入公司已经五年了。最近，公司准备进驻另一个城市，原有的经理储备不够，李娟被挑选为分公司管理队伍的一员，而她的经理赵丽娜，负责将她培养成合格的经理。

为此，赵丽娜开始有意识地将团队的日常安排、大小事宜，乃至其他同事的工作指导等任务都交给她代管。初次接触这些任务，李娟担心自己搞砸，经常是每隔半个小时，就会向赵丽娜请示一次，询问她应该怎么办，自己这么安排有没有错的地方。

赵丽娜觉得，凡事都来请教她，对李娟的成长没有帮助，又不好直接拒绝她。于是，赵丽娜就故意给李娟做了一次错误的指示。果然，李娟没能察觉，按照错误的指示去做了，吃了些苦头。赵丽娜就趁机给她讲了这个故事，告诫她要学会独立思考。

深度分析——如何引导你的员工自己做决定

听话的下属固然好使唤，但如果一点主见都没有，管理者也会感到烦恼。凡事都向管理者请教，离开了管理者就无法进行工作，这样的员工是没有价值的。

新闻主编的工作是一份要求非常高的工作，小到标点符号、遣词造句，大到文体架构、主旨立意，都要经过主编的审视才能成稿。这本来无可厚非，但最近来了两个新编辑，工作非常认真，执行工作的能力也非常不错，但他们却几次把工作搞砸了。

只因为他们无法独当一面，外出采访离不开前辈同事的照料，否则，他们就不知道该问什么、写什么。为此，主编有些头疼，觉得这两人实在是不堪大用。

作为管理者，必须培养员工的独立思考能力。员工具备了独立思考的能力，就能独立分析问题，知道哪些问题需要请教管理者，哪些事情必须汇报给管理者，而哪些方面是可以自己做决定的。这样一来，管理者就不必花时间和精力在无谓的琐事上。

要培养员工的独立思考能力，管理者就要适当放权，让出一些权力。比如，给员工布置一个任务，在得到任务结果之前，管理者就不要过度干涉员工的行为，他们想怎么做全由他们自己规划，除非是错得太厉害，否则，即使知道员工的方法有缺点，也要耐心等待他们做出结果之后，再予以指点和纠正。如此，员工就能在"做"中"思考"。

另外，管理者也可以利用闲余时间，多开设有关"逻辑思维能力"等方面的培训，专项引导、培训员工的思考能力，使他们能够更灵活地处事，更高效地工作。

7. 对下属说：你还可以做得更好

有一位大学教授，给学生做了一次有趣的实验：先在桌上放一个装水的罐子，然后从桌子下面拿出一些"鹅卵石"放进罐子里，直到鹅卵石填满了整个罐子。

然后，教授问学生："你们说，这罐子现在是不是满了？"

"是！"所有的学生异口同声地回答。

"真的吗？"

教授笑了，然后又从桌子底下拿出一袋碎石子，把碎石子从罐口倒下去，摇一摇，再加一些，直到放满了才再次问学生："你们说，这罐子现在是不是满的？"

这一次，大家不敢回答太快。最后，一个人怯怯地说："也许没满。"

"很好，确实没有满。"教授说完后，又从桌下拿出一袋沙子，慢慢地倒进罐子里。倒完后，再问："现在你们再告诉我，这个罐子是满的呢？还是没满？"

"没有满！"全班同学这下学乖了，大家很有信心地回答说。

"好极了！"教授继续从桌子底下拿出一大瓶水，把水倒在看起来已经被鹅卵石、小碎石、沙子填满的罐子里。

当这些事情都做完之后，教授终于正色地说："现在，它已经满了。"

实战场景

王启超手下有名员工，名叫孙志文，是公司成立初期就加入公司的元老级员工了。按理说，这样一个老员工，对公司的忠诚度没得说，理应晋升到更高的层次，和他同期的还在公司的人，差不多都是经理了。然而，他却还在一线岗位上苦苦挣扎着。

土启超有心提拔他，奈何他的工作能力的确达不到经理的标准，强行提拔只怕会引起其他同事的不满。于是，王启超开始研究孙志文的毛病到底是出在哪里。

终于，经过一番分析，他发现王启超对待工作的态度有点问题。别的同事都是尽可能地想把工作完成得更好，他却不这样想，颇有些"60 分万岁"的意思。

于是王启超就找他谈话，说到这一点时，孙志文说："不是的，经理，依我的能力，只能做到这个程度，这是没办法的事。"但王启超知道，他可以做得更好，能力不够只是他找的借口，或者没意识到自己的潜力。最后，王启超给他讲了这个故事。

深度分析——如何用赞美激励下属

正如教授课桌上的罐子，很多时候我们以为它装满了，实际上，只要想想办法，变换一下放东西的顺序，或者改变物质的搭配比例，它还能"再战三百回合"。

我们的员工也是一样，很多时候看似已经发挥出了他们的极限力量，事实上，拓展一下他们的思维，激励、鞭策他们一番，他们还能把事情做得比现在更好。

于成伟是一个机电工程师，3 年前应聘到深圳一家大型家电企业。刚来时，他的热情很高，工作很卖力。可慢慢地，他感到在这里干得不痛快，心里憋得慌。

起初，他是因为工资高、待遇好才拼命工作。可后来发现，自己虽然非常卖力，但并没有得到领导的重视。似乎，拿了这么高的工资，住了那么好的住房，就该卖力工作。更使他受不了的是，领导们特喜欢挑毛病、找问题，根本不把他们放在眼里。

不久，于成伟认识了另一家乡镇企业的老板。虽然这家企业规模不大，但待遇不差，他就跳槽了。一年来，于成伟越干越有劲儿，这位老板对他也特别器重。

肯定和赞美使于成伟好像遇到了知音一样。他说，他在这家厂子工作得非常舒心畅快。除非换了一位不懂领导的厂长，否则，他再也不想换单位了。

许多经理认为，称赞下属太多，下属可能因此变得骄傲自大，会松懈。这是一种错误的观念，身为一位管理者，重要的工作之一，就是成为一个为下属喝彩的领导。给予员工必要的鼓励，下属同样也会呈上最好的作品，管理者如果对员工的努力视而不见，很容易让下属感慨，觉得何必这么辛苦工作，没什么意义。

通常，管理者对员工的衡量标准大致如下：工作是否达到目标，对事业有无贡献，是不是进步了，有没有造成损失。有的管理者硬将这几点放在一块作为评价标准，未能同时达到的就不予奖励。事实上，能同时达到这些标准的员工几乎没有。因此，作为上司应从鼓励员工的愿望出发，只要员工能达到其中的任何一项要求，就应当给予奖励。

管理者也可以选择适当的时机，将自己对他们的期望告诉对方，如"你知道吗，其实你可以做得更好"，"在我眼中，你是最有可能成为经理的新人"……这样一来，员工会大受鼓舞，进而以更高的要求约束自己。

英国作家萧伯纳指出："人类的行为，不是受经验而是受期望所影响的。"可见，管理者适当拔高自己对员工的期望，等于是在给予他们变相的激励和鼓舞。所以，管理者不要吝啬自己的期望，多对下属说"你还可以做得更好"，他们必将更加努力。

8. 让下属认清竞争残酷

一只野狗在追一只小兔子，野狗使劲追，小兔子使劲跑，但最终野狗也没追上小兔子。

小兔子回到家，对其母说："今天有一只野狗追我。"

母兔问："追上了吗？"

小兔子回答："肯定没追上了，它怎么能追上我呢？那只狗只是为了一顿饭在追我，而我却是为了一条命在跑啊。"

在这个社会里，每个人每天都要面对着很多的竞争，承受着很多压力，想在竞争中生存，你就得有一种比别人更强烈的竞争意识和危机感，这样才可能有机会保命，才可能有机会出击……

实战场景

最近，公司里辞退了一名 40 多岁的总监，引得公司上下无不震动。只因这名总监，曾是公司里资历最老的员工，老总白手起家的时候，他就跟着干了。这么多年，他为公司的发展和壮大了立下了无数的汗马功劳，是无数职工奋斗追赶的对象。

然而，就是这样一位老总级的总监，竟然被辞退了。作为经理，李占元是知道对方被辞退的原因的。原来，就在一年前，公司与一家外资公司合作推出了一个项目，公司在该项目上的负责人就是这名总监。但由于该项目涉及互联网等一些新元素，这名总监不是太懂行，致使项目存在漏洞，给公司带来了一定损失，该总监也因此被辞退。

很多员工知道后，都议论纷纷，认为公司此举太过无情，毕竟对方也曾为公司做出过巨大的贡献，现在说辞就辞了，颇有些"过河拆桥"的意味。李占元团队中的一些成员也抱有这样的看法，于是李占元就把这个故事讲给大家听，然后说道："职场就是这样，充满了竞争和残酷。"

深度分析——严厉一点才是真正的爱下属

现代企业都在提倡"人性化管理"。的确，一个优秀的团队，不可能完全由冰冷的上下级关系组成，还要有人情温暖，当谁需要帮助了，不管是同事，还是上级领导，都应该予以力所能及的帮助和关爱。尤其是管理者，应予以员工更多关怀。

但是，有时候对员工更适合使用一点严厉的爱。比如说，一个销售人员，明明他的业绩已经糟糕到了一定的程度，但他依然不肯多花一点力气，去拓展一些新的客户，成天坐在办公室等客户主动上门。这时，若是为对方好，管理者就该逼他一把。

考核员工，严格要求员工，给员工制定高目标、高标准，逼迫他成长。这是管理者对员工最大的爱。如果你碍于情面，低目标、低要求、低标准要求员工，那么培养出来的就是一群小绵羊。这是对下属的不负责任，这只会助长他们的任性和懒惰。

让你的下属因为你而成长，拥有正确的人生观、价值观，并具备了完善的品行，让员工不断的成长，就是领导对下属最伟大的爱。

让员工意识到自己的险恶处境，意识到自己随时有被替代的可能性，这样他们才有足够的忧患意识，然后不断地提升自己。对团队而言能提高效率，对员工自身而言，也能让他们防患于未然，将职业命运把握在自己手中，不至于败得稀里糊涂。因此，一个真正体恤下属的管理者，不是对员工施以表面上的仁慈，而是严格要求他们。

9. 心存不满，才不会停滞不前

在一次晚宴上，"聪明小姐"和"愚蠢先生"相遇了。

人们纷纷邀请"聪明小姐"共舞，"愚蠢先生"呢，自然也想和女神跳舞了。终于，"愚蠢先生"找了个空子，可以和自己心仪的女人跳上一支舞了。

两人共舞的过程中，"愚蠢先生"问道："美丽的小姐，我已经注意你很久了。你常常坐在自家的庭院中品读诗书，每次路过我都可以看到你美丽的身影。可我很纳闷，既然大家都叫你聪明，说明你已经得到了大家的肯定，应该感到满足，悠闲一点儿了啊，为什么还在刻苦学习呢？"

"聪明小姐"谦虚地说："别这么说，先生，我还不够聪明，如果我满足现状，停滞不前，就更配不上聪明的称呼了。比如我现在还不知道您的名字，你说我是不是应该向您'请教'呢？这样的话，您才不会觉得我无礼，对吗？这也是一种学习啊。"

"愚蠢先生"听后，若有所思。

实战场景

徐松阳是团队里出了名的"三好学生"，一是好加班，二是好助人为乐，三是好学习。每天不管工作再忙，他都会抽出时间学习。中午吃饭的时候，其他同事喝下午茶的时候，周末放假的时候……空余时间都被他用来学习了，因而同事们又叫他"学者"。

另一个同事陈建飞，很是看不惯徐松阳的这种行为，认为他只是在装样子，想要引起同事和上司的关注，制造噱头，于是常常找徐松阳的麻烦。

为此，秦卫民特地找到陈建飞，对他说道："不，小陈，小徐的好学可不是装出来的，你知道他为什么会进步得这么快吗？就是因为他不满足于既有成绩啊。"

接着，秦卫民就将"聪明小姐"和"愚蠢先生"的故事讲给陈建飞听，末了又说："不知满足，才是进步的阶梯啊。"

深度分析——如何指出下属的不足，又不挫伤其积极性

俗话说："不满是向上的车轮，能够载着不自满的人前进。"有进取心、不满足于现有成就、追求更高层次的挑战、勇于不断超越自我的人，都是"不满"的人。

一个团队中如果有这类"不满"型员工，对团队而言是件大好事，因为他们会带动团队的学习风气，使团队始终处于不断更新、不断进步、与时俱进的状态。

因此，作为一名管埋者，如果想塑造一个训练有素、团结、有战斗力的员工队伍，就必须掌握"批评"这个武器，来矫正、规范和塑造员工的行为、团队的文化，打造团队的整体战斗力，让员工始终保持清醒的头脑，不满足于自己已经取得的成绩。

但是，"批评"这个武器并不好用，很多时候，草率地指出员工的不足，很可能会挫伤他们的积极性，所以，管理者在指出员工不足时，必须掌握一定的技巧。

很多时候，管理者在指出员工不足的时候，过于自以为是，总觉得自己是正确的，别人就应该理解和服从。这样的态度，首先就把员工推到了我们的对立面。

再加上管理者大多习惯于"批评"员工，而不晓得自省，这样给人一种"只许州官放火，不许百姓点灯"的感觉。因此，想要让员工乐意接受我们的指点和批评，管理者一定要在态度

上做到亲和，不让人反感，自己也要身先士卒，自我反省。

首先，管理者可以定期举行专业技能培训，或行业相关的新知识、新技能培训，用这种强制式的方式让所有员工都接收行业的最新成果，促进他们去学习。

其次，管理者可以在员工出现"自满"情绪的时候，适当给予一定打击，使他们明白自己并非最优秀的那一个，依然存在不足，以此激励他们重拾学习之心。

最后，建立健全的学习考核机制，将员工学习新知识、新技能的成果，纳入团队业绩考核的范畴，用这种规章制度约束的方式，强迫员工主动学习。

聪明的人永远不满足于自己的聪明，这是他最大的聪明。让员工始终处于学习状态，能够让团队持续保持活力。

10. 要在教训中总结经验

很久以前，有个捕鱼技术一流的渔夫，被人们尊称为"渔王"。随着"渔王"一天天老去，他变得非常苦恼，因为他的三个儿子的捕鱼技术，都很平庸。

渔王因而经常向人请教："我真不明白，我捕鱼的技术这么好，为什么我的儿子们却这么差？我从他们懂事起就亲自教他们如何捕鱼，从最基本的东西教起，告诉他们怎样织网最容易捕捉到鱼，怎样划船不会惊动鱼，怎样下网容易请鱼入瓮……"

渔王一脸愁苦地说："但似乎我的努力全都白费了，我辛辛苦苦总结出来的经验，他们没有一样能学到手，捕鱼技术还赶不上技术比我差的渔民的儿子。"

一位路人听后，问："你一直手把手教他们吗？"

"是的，为了让他们得到一流的技术，我教得很仔细、很耐心。"渔王点头。

"他们一直跟随着你吗？"路人又问。

"是的，为了让他们少走弯路，我一直让他们跟着我学。"渔王再次点头。

最后，路人感慨地说："这样说来，你的错误就很明显了。你只传授他们技术，却没传授他们教训，没有教训与没有经验一样，都不能使人成大器。"

实战场景

何云虎是公司里最特别的经理，同事们都说他是点育英才的良师。因为但凡是归到他旗下的员工，经过他的调教之后，往往一两年时间就能成长为精英员工，甚至是成为经理乃至拥有更高的成就。所以很多有心上进的员工，都希望能得到他的指点。

其实，何云虎的方法很简单，就是在恰当的时机让员工吃一些小亏，然后再对对方进行引导，让他们自行吸取教训，以便铭记于心且不断改进提升自己。

比如有一次，他带一名新员工前去见客户，其间员工多次说错话，惹客户不高兴，但何云虎都默不作声，任由员工失利。直到员工因为没能完成任务陷入自责和沮丧中时，他才对员工进行开导，并将"渔王"的故事告诉对方，表明自己的用意。

深度分析——从失败中吸取教训的重要性

俗话说，"失败乃成功之母"。从失败中总结经验教训，有着极强的警戒意义。失败可能有许多的原因，包括性格、能力、知识、人际及家庭等各种原因。如果一个人能从这么多原因中找出导致自己失败的原因，那么下一次他就不会重蹈覆辙了。

从失败中吸取教训，从成功中总结经验。在实际工作中，教训往往比经验更重要。成功的经验很难被复制，毕竟时代在变，以前适用的现在不一定适用。但失败的教训，大多是共通的。并且，经验可以教，但教训却只能通过自己实践得来。

在任何团队中，一个懂得从自己和别人的成功中总结经验的人，其最终的事业归宿很可能是变成一个匠人，技术熟稔，操作流畅，按照既有经验驾轻就熟。但是一个能从失败和挫折中吸取教训的人，只要他坚韧不拔，有悟性，就很可能成为大师。

作为管理者，我们要致力于培养员工的这种"吸取教训"的能力，这能提升团队的整体能力及员工的个人素质。员工如果缺乏从失败中吸取教训的能力，那么管理者就需要一直待在员工身边，替他们保驾护航，帮他们预防、寻找和纠正各种错误。

但是一旦引导员工学会从失败中吸取教训，使他们具备"自我纠错"的能力，那么大多数员工都能成长为独当一面的精英，这样一来，不但减轻了管理者的负担，使管理工作更轻松高效，也能推动整个团队以更快的速度发展壮大，提高团队收益。

总而言之，员工的工作经验和专业知识，主要来源于熟能生巧，及不断汲取经验和教训之后的积累、沉淀。高明的管理者，无不重视员工的教训总结能力。

11. 与其抱怨工作，不如提升自己

某公司有两名员工甲和乙，甲觉得自己现在的工作情况糟透了，上司要求苛刻，不尊重他，同事看不起他，总拿他开玩笑。甲就跟乙说："我要离开这破公司。"

乙举双手赞成道："我觉得你还要好好报复它，但是现在不是时机。"

甲很困惑："为什么呢？"

乙说："因为，如果你现在就走的话，对公司来说损失并不大，你要趁着还在公司的时候，拼命地多拉一些客户，然后再带着这些客户离开，让他们后悔莫及。"

甲觉得有理，于是开始努力工作，积累了很多的客户。乙说："你现在可以离开了。"甲却轻笑着回答说："老总准备升我做总裁助理了，我现在暂时不打算离开。"

实战场景

最近，杨献刚正打算跳槽。他觉得自己继续待在这家公司，只是浪费时间。明明自己已经加入公司三年了，对待工作也算认真，三年来从没出过什么大乱子，严格秉持着"我是一块砖，公司哪里需要我，就往哪里搬"的精神，为公司做

出了不少贡献。

可就算如此，他也没能得到晋升。比他晚进公司一两年的员工里，都已经有人晋升为经理了，他还在原地踏步。为此，杨献刚很是不服，觉得公司对他不公平。

很快，经理王云磊知道了他想要跳槽的事儿，把他叫到办公室谈话，问他为什么想要跳槽。杨献刚回答："反正在这里也没什么前途，跳槽说不定有更好的机会。"王云磊笑了，"你怎么知道跳槽就一定有更好的机会呢？"说罢就给他讲了这个故事。

深度分析——如何使员工打消跳槽心理

跳槽，是很多职场人士每天口不离曲的常用词，但跳槽跳得最踊跃的职场新人，大多数都不能真正理解其内涵。跳槽究竟对不对，这个问题不能仅用对错区分，就像一只股票，不能说买得对或不对，而要看你是什么时候买的、什么价位、走势是什么。

据相关人士统计，在欧美等一些发达国家，一个人一生至少要跳槽六七次。而且每次跳槽后，薪资收入平均比原职位多了 1.27 倍，跳槽成为加薪的一条捷径。

但是，跳槽并不全是升职加薪的，也会有风险。尤其是盲目的跳槽，往往得不偿失。工作不开心跳槽、上班累跳槽、薪水不满意跳槽、想不开了跳槽……这样的跳槽是不会给人带来正面效应的。要知道，跳槽＝求职、跳槽≠加薪，以为只要跳槽就会光明一片，这是对跳槽极大的误解。如今，很多新员工就常常"误跳"，甚至主动跳入冰窖。

大多数时候，跳槽受损失的多是员工的个人利益，过去的功劳转眼清零，取而代之的是新一轮辛苦的求职和积累，而且就目前的职场而言，工资也高不了多少。因此，跳槽受害者通常是员工自己。但面对一些潜力员工的流失，团队也会受到一定影响。

作为管理者，我们也很有必要帮助这部分员工厘清思路：跳槽一定要三思，有时以静制动、以守为攻也是职场兵法之妙招。与其抱怨工作，倒不如先提升自己。就像故事中的"员工甲"那样，等到你成为公司不可或缺的人物时，公司自然就会重用你。

此外，留住人才，打消员工的跳槽心理，事实上也是身为管理者的责任之一。越是有才能的员工，往往越不好管理，他们有着更多的利益诉求，如果得不到自己想要的，他们要么就会消极怠工，要么就会跳槽走人。对于这部分人，管理者也应该予以更多的关注，给予他们更大的舞台，使他们相信，只要自己留下来，就可以得到更好的发展。

帮助员工洗去浮躁，停止频繁地跳槽，使员工安静地在一个岗位上努力，让自己成为团队里无可替代的一员，既增强了团队的凝聚力，也提升了团队的稳定性。

TO BE A
STORYTELLING
MANAGER

做·会·讲·故·事·的·管·理·者

第五章

思维的价值，引导下属
和你一起解决问题的故事

1. 要把产品卖给需要的人

一家生产梳子的公司招聘业务员，有甲乙丙三个人进入了试用期。他们面对的考核是谁能把梳子卖给和尚。公司给他们半个月的时间去实践。

半个月后，三个人回来了。结果是：

甲：跑了无数寺院，在向无数和尚推销无果后，终于碰到一个小和尚因为头痒，买了一把当挠痒的工具。

乙：跑了无数寺院无果，偶然发现烧香的信徒中有人头发散乱，就对寺院的主持说这是对菩萨的不敬，终于说服两家寺院的主持各自购买了五把梳子。

丙：在跑了几家寺院受挫后，就仔细分析怎样才能把产品卖出去。于是，他想到寺院一方面传道布经，一方面也需要增加经济效益。于是，他和寺院主持商量后，在梳子上刻上文字，如虔诚梳、发财梳……并且分成不同档次，在香客求签后分发。结果梳子销售量大增，短短时间就卖出 1500 把。

实战场景

这是一个在销售界被人津津乐道的故事，但一次发行部的培训师在给销售人员讲这个怎样把梳子卖给和尚的故事，马云听了五分钟，非常生气，直接就把这个培训老师给开除了。

马云认为把梳子卖给和尚，那就是骗子。他说："因为和尚本来就不需要梳子。把产品卖给那些不需要这个产品的客户，我认为这就是骗术而不是销售之术，这对我们的价值观是巨大的挑战。"

马云还举例说："我们现在每天有上亿次的点击。前几天我们用了 25 秒钟卖出了 100 辆奔驰。没有诚信体系，这一切几乎全不可能。今天我们最骄傲的，不是阿里巴巴卖出了多少商品，而是阿里巴巴建设了一个诚信的体系。用商业的方法向所有人证明了，诚信值多少钱。这是阿里巴巴一个财年为什么能实现 5000 亿美元销售的基石。"

深度分析——做销售如何进行有效沟通

仔细分析，这个故事最大的吸睛点在于梳子和光头之间的常识落差，讲故事的人利用足够新奇这一点来故弄玄虚，让听的人产生这个销售技巧很厉害的想法，达到哗众取宠的目的。

故事里的丙把梳子卖给和尚的方法是成功说服寺院主持将梳子包装成礼品，赠送给信徒，而不是销售产品为客户提供方便或者服务。其实，不只是梳子，其他东西也可以当作礼品赠送给信徒。把梳子卖给和尚，充其量最多算一次成功的销售，而不是通过分析客户的潜在需求找到的销售机会。

作为管理者，如果把销售定位在"梳子也能卖给和尚"的理念上，必定会误导公司的销售人员，同时也会将企业引入单纯以赚钱为目的，不择手段追求销量的误区，从而忽视了恰当表达产品的功能诉求来打动消费群体的方法。这种违背常理的事注定不会长久。

作为管理者，我们要正确引导下属，在任何情况下，销售都不能偏离产品本身，永远从客户的需求出发。而万不可用虚幻的话术，诱导消费者购买并不适用自己的产品，从本质上来讲这就是一种欺骗。就算客户一时被你的三寸不烂之舌说服购买了，等意识到自己并不需要时，就会产生被欺骗的感觉，从而在道德上对销售这个产品的人以及公司，产生极度的厌恶。

这种做法是一种短视行为，在激烈的市场竞争中，早晚会被对手干掉。

销售的本质是一种沟通，就是将产品的价值有效传达给消费者。所谓有效传达，就是能够和客户之间产生共鸣，让产品的价值得到消费者的认可。成功的营销是将好的产品卖得卓越，将卓越的产品卖成伟大的品牌，而不是逞口舌之利，耍小聪明，更不是欺骗。

2. 挖掘客户的问题，然后才有销售的机会

在一条小吃街上，街头、街尾和中间，各有一家水果摊。有一天，一位老太太前来买水果，走到街头的水果摊前，问道："这李子怎么样？"

"又大又甜，特别好吃。"小贩答。

老太太摇头走开了，向中间的水果摊走去。

"你的李子好吃吗?"

"我这里是李子专卖,各种李子都有,您要什么样儿的?"这家摊主比较机灵,说得老太太眯眼一笑,道:"酸一点儿的。"

"那您可来对了,这篮李子酸得咬一口就流口水,给您来多少?"

"一斤吧。"

买了酸李子,老太太继续在街上闲逛,很快来到街尾,遇上了第三家水果摊,发现他家的李子又大又圆,非常抢眼,便问道:"你的李子多少钱一斤?"

"您好,您问哪种李子?"摊主反问道。

"酸一点儿的。"

"别人买李子都要又大又甜的,您为什么要酸的李子呢?"这位摊主笑了。

"我儿媳妇要生孩子了,想吃酸的。"老太太也笑了起来。

"您对儿媳妇真体贴,她想吃酸的,看来是要给您生个大胖孙子,可真要恭喜您了。您要多少?"

"再来一斤吧。"老太太被这摊主说得很高兴,就又买了一斤。

摊主一边称李子,一边继续问:"您知道孕妇最需要什么营养吗?"

"不知道。"老太太摇头。

"孕妇特别需要补充维生素。您知道哪种水果含维生素最多吗?"摊主又问。

"不清楚。"

"是猕猴桃，猕猴桃有很多……"

……

最后，老太太在这个水果摊上买了很多其他水果，高高兴兴地走了。

实战场景

刘志言是一家中介公司的销售经理，最近，团队新招进来一个叫董小宛的女孩儿。女孩儿非常勤奋好学，又是重点大学毕业的高才生，按理说，进步应该非常快才对。但实际情况却是，当其他新人都已经开始独立维护客户的时候，她还在培训阶段。

董小宛也很无奈，不管她怎么用心学习，就是不会维护客户，通常情况下，她总是一个电话打过去，然后被对方或辱骂一通，或冷漠应声，或直接挂机结束。

她想，也许自己就是没有当销售的天赋吧，不懂得如何与人交往。但刘志言不想放弃她，最终，刘志言找到了这个"卖李子"的故事，并将它说给董小宛听。刘志言说："就是这样了，我们做销售的，其实就是挖掘客户的问题，然后帮他们解决掉。"

深度分析——如何引导员工挖掘客户的需求

挖掘客户的问题，然后才有销售的机会。因为客户有问题，就说明他们有解决问题的需求，"有需求就有销售"，商机是以客户问题的存在为前提的。一旦客户没有问题，产品或服务的销售就会失去市场。而问题是不可能不存在的，同一件事，从不同的角度看会得到不同的答案。换句话说，只要我们能找到合适的角度，就能挖掘客户的问题。

但是，作为管理者，我们不可能对每一个客户、每一笔交易都亲力亲为，需要帮助员工去挖掘客户的问题和需求。那么，管理者应该如何引导员工挖掘客户需求呢？

首先，要培养员工"提问"的能力。大多数时候，通过提问等方式，能比较准确地了解客户对产品或服务的需求，然后再围绕客户所需要的产品或服务展开介绍和宣传，甚至有针对性地开发新产品。提问，是让员工了解客户的有效途径之一，应该着重培养他们这方面的能力。当然，也需要注意，提问的方式一定要柔和，不能过于生硬。

其次，培养员工抓取客户信息的能力。比如买李子的老太太，表面是要买酸李子，但她这番举动背后潜藏的信息是："我儿媳妇怀上孩子，喜欢吃酸的。"这本来是一条比较明显的信息，蕴含一系列需求。然而，前两位摊主却没能及时抓住这一讯号。

培养员工"察言观色"的能力，抓住客户的每一句话、每一个行为进行分析，找出其中的"反常点"，然后以此展开提问，进而抓取重要信息以拓展客户需求。

再次，培养员工引导话题的能力。就像故事中第三个摊主，他在发现了老太太的潜藏需求之后，立刻将话题引到自己的产品上，主导话题走向，"我家的水果，有营养异常丰富的，正好适合孕妇保养……"这样一来，老太太就被他的话完全吸引了。

要做到这一点，需要员工对本公司产品非常熟悉。因此，管理者也应该着重培养员工对公司产品的熟悉度，如此才能顺利地将客户的需求与公司产品联系起来。

最后，还要培养员工多角度看问题的能力。正如上面所说，同一件事，角度不同，看到的结果就不同。很多时候，客户的需求不那么明显，需要员工转换思维。

3. 鼓励下属创新

1974 年，美国人决定将自由女神像翻新，事后留下了 200 吨废料。这些废料给当地政府带来了难题，想要通过招标的方式解决掉。然而，好几个月过去了也无人应标。一名正在法国旅行的犹太人听说后，立即飞往纽约，自告奋勇地接下了这桩差事。

此人就是斯塔克，他的"愚蠢"举动引来许多人的嘲笑。因为在纽约州，垃圾处理有严格的规定，弄不好就会受到环保组织的起诉，人们都认为他会吃亏。就在一些人等着看斯塔克笑话时，他开始对废料进行分类处理。他让人把废铜融化，铸成小自由女神、纪念币；接着把木头加工成底座；废铅、铝做成纪念尺，水泥块整理成小石碑……

最后，甚至连自由女神像身上扫下来的灰土，都被他打包出售给了花店。不到 3 个月的时间，这堆废料经他之手，变成了 350 万美金，每磅铜的价格整整翻了一万倍。斯塔克因此获得了巨大的成功，原本一文不值，甚至无法处理的垃圾成了抢手货。

实战场景

古林霞是一名文字编辑，负责市场上畅销书的初稿编撰。最近，由于市场出现大变动，客户需求骤然转变，以前那种写书模式已经跟不上市场需求了。

对此，公司立刻做了调整，很多编辑都接受了"新写作模式"的培训。但是，古林霞却不在此列，总编依然让她以此旧模式撰稿，理由是"市场变化无端，说不定哪天会再次转回来，旧有模式不可完全抛弃"。古林霞当然不能接受，她想：凭什么自己要坚持旧的写作模式，万一到时候被其他人拉得太远，岂不是害了自己？于是心生怨气。

总编知道她的想法之后，就特地找她谈话，跟她讲了这个故事，说："写作模式无所谓新旧，如果你能从中发现新亮点，写出新的意境，旧的也会变成新的。"

深度分析——如何鼓励员工创新

一堆垃圾，在有些人眼中毫无用处，但在有些人眼中却是一堆金矿。在当下这个时代，我们每天都要接受海量的信息，也许今天看来十分新颖的东西，明天就会多得烂大街，失去一切"新"的色彩。想要在这种大环境中保持竞争力，关键不在于发现新东西的速度有多快，而在于我们能否将"旧"东西做出"新"意。

创新是企业的生存之本，是保持团队竞争力的核心。就一个具体的团队而言，员工层面的创新才是团队创新的源泉，而员工的创新是需要精心培养的。因此，作为管理者，鼓励员工创新就显得十分重要了。那么，管理者应该如何去鼓励员工创新呢？

首先，对创新抱有积极态度的员工，管理者应予以更多的支持和鼓励，多一分理解和包容。在团队中，有才华的员工大多有其"孔雀"的一面，喜欢"开屏展示"。即在一些工作中，他们会主动展示自己的能力和想法。这个时候，不管员工的想法是否成熟、是否具有可行性，管理者首先要给予一定的支持，不能一上来就直接否定对方。

其次，在团队中培育"创新"的氛围，只要是有益的、正面的创新，不管价值大小，都予以奖励，以此塑造"创新"风气，鼓励更多员工加入到创新队伍中。

再次，鼓励工作以外的创新。员工所提的创新建议，并不一定局限于工作职责。在员工完成工作的前提下，管理者应允许员工做一些他们自己感兴趣的事情。这样一来，当员工对其他工作提出创新建议时，由于考虑问题所处的角度不同，还可能给团队带来意想不到的收获。而且，员工提出工作以外的创意，也体现了他们对团队的关心。

最后，管理者在评价员工的创新时，可以在态度上亲和、包容及鼓励，但不能没有底线原则，要保持客观的评价。如果员工的创意不符合实际、没有可行性、不具备科学性，管理者也应该替对方指出来。这样才是对员工的尊重，才能帮助他们进步。

此外，鼓励员工积极参与创新，其实也是在提高员工对团队、对企业的忠诚度和对工作的成就感。改变旧的，创造新的，借此鼓励员工要有理想、有抱负，往往能最大限度地调动员工的工作积极性。如果员工树立了理想，工作起来自然有激情。

4. 如何将极具挑战性的目标任务分配给下属

很久以前，沙丁鱼对内陆地区的人而言，是极难吃到的美味。因为这种鱼来自深海，一旦上岸很快就会死掉。这让渔民们头疼不已，即使捕到它们，也无法将之带回家。后来，有一位老渔夫发现了诀窍，每次捞的沙丁鱼都是活蹦乱跳的，大家都去请教。

老渔夫说："这很简单呀，我每次都往它们中间放上一条沙丁鱼的天敌——鲇鱼，它们就会因为害怕而不停地游动，这样一来就不会死了。"

原来，沙丁鱼喜静，不爱动，没有鲇鱼的刺激，它们就会一动不动地待在水箱里，进而造成水箱里缺氧。但放入一条鲇鱼，它们就会游动，制造出氧气。

实战场景

孙宏生是一家公司的经理，最近他接到一项比较艰巨的任务。由于公司的十年庆典即将来临，上面让他的团队务必在一周之内，交上去一份关于公司发展历程的报告。他仔细算了一下，以公司的实际情况来看，这样一份报告的字数，至少数以万计。

整个团队中，有这种实力的人屈指可数，最后，他选中了最年轻的"小将"李秀云。然而，李秀云在听完任务内容后，当场摇头："经理，您开玩笑呢，一周之内完成这样一份报告，数万字篇幅，数十张图表，一堆资料，这难度就大了，我干不了。"

接下来，任孙宏生好说歹说，这李秀云就是不肯接受任务。于是孙宏生就给他讲了这个故事，说："其实，你就像沙丁鱼，只要勇敢地动一下，就能完成任务。你不会希望我给你们放几条鲇鱼吧。"这一次，李秀云没有再拒绝，接下了这个任务。

深度分析——如何将极具挑战性的目标任务分配给下属

鲇鱼效应，指在团队创业之初，员工们大都艰苦奋斗，然而一旦有了成就，员工们就容易松懈倦怠，追求稳定，不懂得积极创新。明智的管理者会为团队引入"鲇鱼"，让成员产生紧迫感，主动地动起来，加大内部竞争，形成"你追我赶"的风气。

不过，在日常工作中，员工对有挑战性的工作抱有抗拒之心，总想着把艰巨的任务推给别人做，这是很正常的事。毕竟，并不是每个人都以挑战困难为乐。那么，当这些艰巨的任务避无可避时，管理者应该如何说服下属接受这些难度高的任务呢？

首先，管理者要"动之以情"，向下属传递信任和欣赏。就像案例中，孙宏生向李秀云讲鲇鱼效应的故事，并对其作出新的解释。实际上是在向李秀云传递一个信号：小李，我相信你的能力，只要你愿意，就能做好。这种信任可以降低员工的抗拒。

在这个环节，管理者千万不能"简单粗暴"，以权压人。如："这事儿交给你了，我不想听任何借口，只要结果。"像这一类的话，只会让员工心里更加反感。

接下来，管理者要"晓之以理"。将任务的细节详细地告诉员工，然后为员工做具体的分析，让他知道自己确实是可以完成的。只要肯努力，就有成功的机会。

当然，仅仅是分析清楚成功的概率还不行，还要用足够的"利益"来诱惑员工。所谓无利不起早，员工为团队干活儿不可能是无偿的，尤其是进行这种难度较高、需要耗费大量心力的任务时，他们心里往往有更高的利益诉求。管理者必须明白这一点。

"诱之以利"之后，还有"胁之以灾"。也就是明明白白地告诉员工，如果最后任务没能按照规定完成，那么将要受到的惩罚是什么。只有将任务的重要性以及失败之后的严重性烘托出来，才能调动员工的全部精力，使他不敢敷衍了事，认真地做事。

最后，管理者也应该亮出自己的立场：团队需要的是能干事的人，需要的是凶猛的"鲇鱼"，如果员工不干事，只想做安安静静的"沙丁鱼"，那么就要做好被"天敌鲇鱼"压迫的准备。也就是说，要给员工一个讯号：你们不做事，我就找人取代你们。

一个高明的管理者，是恩威并施、刚柔并济的，不会一味地对员工仁慈，该硬起心肠的时候就一定要"硬"到底。这样才会给员工带来压迫感，驱使他们前进。

总的来说，管理者如果想要将极具挑战性、难度较高的目标任务分配给下属，需要做到动之以情、晓之以理、胁之以灾、诱之以利等方面，然后再适当制造一点刺激，让员工产生足够的荣誉感、使命感以及危机感，这样才能使他们愿意接受命令。

5. 引导下属将复杂的问题简单化

有一个人觉得自己有心理病，就去见了医生，问："自从孩提时起，我晚上总是害怕有人在床下面。每一次上床睡觉时，我都想到有人在我床下面。我很害怕，有些抓狂。"他说。

医生听后，想了想就跟他说："你的病就包在我身上吧，你只要保证每周抽出三次时间来和我交谈，一年之后，你就不会再有害怕的感觉了……"

"需要多少费用？"这人问到。

"不贵，每次80美元。"医生答道。

"也就是说，我将能安心入睡了？这真是太好了。"这人笑着离开了。

6个月后，医生在街上遇到这个人，就问他："为什么你

139 |

那么害怕，却没有来看病？我可是等你等了好久呢。"

这位病人说："哦，每次80美元，一周3次，就是240美元，一年下来，这将是一个天文数字，我可花不起。但是你知道吗，一位酒吧服务员仅仅花了我10元钱，就顺利治好了我的病。我非常高兴节省了这么多钱，所以买了一部新车。"

"怎么可能？"医生不敢置信，"我可以问一下吗，他是怎么治的？"

"很简单啊，把床的四条腿砍了不就行了。"

实战场景

陈建国是一名包工头，在工地上干了十几年，可谓经验丰富。有一次，施工队买了一台新机器，据说，开机之前，需要弄清其内部结构，便于以后出问题拆卸安装。这台机器里有一个由100根弯管组成的密封部分，想要弄清机器的内部结构，就必须弄清每根弯管的入口与出口。大家想尽办法，甚至还请来了工地上的大学实习生帮忙，都没能搞定。后来，还是一个路过的老砖匠提出了一个有趣的方法，竟然很快就将问题解决了。

只见老砖匠点着烟，吸上一口，然后对着一根管子往里喷。喷的时候，在这根管子的入口处写上"1"；然后让另一个人站在管子的另一头，看见烟从哪根管子冒出来，就在上面也写上"1"。如此不到两个小时，便把100根弯管的入口和出口全弄清了。

从这以后，每逢队伍里有新人加入，或是有大学生前来实习，陈建国总是先把这个故事和自己的经历讲给他们听，然后说："方法是从劳动实践中得出来的，以后你们一定要尽量从劳动中总结更简单、更有效的方法，不能把问题搞得太复杂。"

深度分析——如何引导下属将复杂的问题简单化

同一件事情，让不同的人去做，有的人能在很短的时间内，用最简单的方法去完成；有的人则借助各种工具，用了很长的时间还没有找到答案。为什么呢？

团队中，很多员工总有这样的思维：凡事总往复杂的地方想，认为解决问题的方式越复杂越好，以致钻进"牛角尖"里出不来。甚至就连一些管理者也是如此，明明一件很简单的小事，结果辗转人手，最后搞得复杂无比，半天做不出个结果来。

事实上，学会把问题简单化才是一种大智慧。把复杂的问题抽丝剥茧、提纲挈领才能事半功倍，也才是更高效的做法。对于一个团队来说，把事情做简单，能大大提高团队整体的工作效率；对于管理者而言，把复杂问题简单化，既能为自己减轻压力，也能让员工工作得更轻松、更快乐；而对于员工自身而言，用简单方法做事，成长更快。

但是，很多时候，我们希望把复杂问题简单化，在动手去做的时候，却又不自觉地把简单的事情搞得复杂了。管理者要如何引导下属，将复杂问题简单化呢？

第一，平时在工作中，要培养员工独自探索的能力。凡事应该探究"有没有更简单的解决之道"。在着手做一件事情的时候，要先动脑，想想这件事情能不能用更简单的方法去做，而不是急急忙忙去动手，以致白白忙碌了半天，却解决不了问题。

第二，重视培养员工"抓取问题核心信息"的能力，不要被过多修饰物所欺骗。一代逃生大师胡迪尼身怀绝技，可在面对一个带有复杂的锁头时却乱了阵脚，当他潜心于解锁两个多小时却没能取得成功的时候，却在无意中倚开了那扇门。事实上，门并没有锁，那把锁只是装修品，引诱他去解锁，却忘了自己的目的是"逃生"。

第三，培养员工在关键时刻"简单"做事的能力。就像考试时因为把一道很简单的题看得过于复杂了，结果浪费了大量时间，使自己的最终分数受到影响。生活中，别人一句没有恶意的话被自己想得复杂，于是心中充满了敌意。其实，很多事情都很简单，不要想着法儿地去用大量时间来给它增加含义。选择简单地做，更能节约时间。

把复杂问题解决掉，是人才；把简单问题复杂化，是蠢材；把复杂问题简单化，是精英级人才。作为管理者，我们必须培养员工"复杂问题简单化"的能力，同时我们也应该告诫自己：尽力把事情做得更"简单"些，这样才能提高效率。

6. 鼓励下属去发现并解决问题

小学数学课本上有这样一则故事：一位老师教大家折纸风车，老师问："同学们，你们会做风车吗？"

一位学生站起来说："老师，我会做，是这样做的。"他开始演示。

最后，他又说道："最后一步，用剪刀依次剪开，但不要剪断，用铁钉依次串好，固定在小木棒上，风车就做好了。"

老师满意地点点头，问其他学生："你们呢，是怎么想的？"

其他学生也异口同声地回答："我也是这样想的。"

就在这时，一个同学站起来小声说："老师，我有一个更简便的方法。"

这是班里"公认"的笨学生，老师不太喜欢他。他能有更简便的方法？老师不信，直接说道："你先坐下，等会儿再说。"为了不耽误正常的上课时间，老师打断了他的话。但是，当他巡视同学们做风车的进度时，无意间发现这个同学竟然已经做好了。老师惊讶了，问："你真是在这节课上做的吗？"

"是的，刚做完的。"这位同学很肯定。

"你再做一遍我看看。"老师抱着半信半疑的态度。这位同学开始做了：他先是将纸张对折再对折，最后一剪刀下去……他的方法比之前快了一倍。

实战场景

何春明是一家广告公司的员工，他干这一行已经五年多了，积累了丰富的经验。也因为如此，他的经理常常找他"帮忙"。比如出了一个什么方案，做了一个什么计划，都会让他帮忙参考。完成一项任务后，也会让他再核查一遍，看有无出错的地方。

对此，何春明感到非常不满。在他看来，自己就是个基层员工，你一个领导，什么事都让我来参考，简直是剥削免费劳动力。郁闷之下，他难免开始抱怨。经理知道后，就找他谈话，给他讲了这个故事，说："我就是想多鼓励你去找找我们工作中存在的一些问题，然后加以改进、完善。你是老员工了，经验丰富，我相信你是有这个能力的。"

深度分析——如何鼓励下属去发现并解决问题

丰田公司培训新员工，上的第一堂课就是学会解决问题。他们把学员拉到工作现场，让他们站在事先画在地板上的圆圈里，去观察并思考真正的问题所在。要求学员专心观察并问 5 个"为什么"，强制学员深入思考：问题来自何处？问题根源在哪里？

丰田前总裁张富士夫说："丰田生产方式的灵魂是持续改善原则，精髓就是工程师、管理人员和流水线工人持续合作使生产任务系统化，及时发现并解决问题，使工作变得更加平稳。"张富士夫对丰田员工的评价是：他们中的每一个都是问题解决者。

可见，在一个团队中，发现问题的任务不能只交给管理者，而是要求每个人都要有发现并解决问题的能力，这样的团队才会有战斗力。但是，在工作实践中，很多员工或是迫于外部压力，或是出于自身的动力不足，他们选择缄默，有时候即使看到了问题所在，也能够给出解决方法，他们也闭口不提。这样的行为，势必给团队带来损失。

因此，作为管理者，我们有必要鼓励员工站出来，主动去发现问题，找出工作中存在的疑点、不足和风险，然后找出解决之法，鼓励员工主动协助管理者。

首先，管理者要身先士卒，言传身教，在团队中塑造"找问题"的风气和氛围。如任何制度一定要与时俱进，不能一成不变，要在实践的过程中随时发现问题，随时修订，要满足发展的需要，这点很重要，要养成定期和不定期的制度检讨和制度修订。

这样就会给员工释放出一种讯号：没有什么事是一成不变的，要用发展的眼光去看待问题，无论是规章制度还是工作计划，大胆去审视剖析，找出其中的问题。

其次，塑造一个"安全"的环境。很多员工之所以不愿开口，就在于部分管理者不喜欢听到"挑战性""忤逆性"的言辞。在他们看来，自己布置一个命令下去，员工只需听令去做就行了，不需要"叽叽歪歪"。一旦有员工敢于"提问"，这些管理者就会不高兴，就会给对方穿小鞋。正是基于此，员工为求"自保"，索性就彻底闭上嘴巴。

这是不行的，一个英明的管理者，要开明包容，敢于接纳员工的"忤逆"之言，这样员工才会有安全感，才有勇气和意愿主动去发现问题，然后进一步建言献策。

最后，建立"问题解决者"奖励制度，对那些发现问题并解决问题的员工，予以适当的奖励。可以是薪资报酬上的奖励，也可以是小礼品、纪念物的奖励，还可以是非物质的荣誉称号之类的精神奖励。总之，要让员工尝到"找问题和解决问题"的甜头。

7. 只有想不到，没有做不到

说起工匠精神，人们总是第一时间想到日本。所以，海尔公司决定向日本人取经，就派了员工魏小娥去日本学习整体卫生间生产技术。

在学习中，魏小娥注意到，日本人试模期废品率一般都在30%~60%之间，设备调试正常后，废品率则降到了2%。起初，魏小娥为之震惊，暗道不愧是"日本"。

但是渐渐地，她发现日本技术人员始终只能做到这个程度，2%的废品率就是他们的上限了，而他们的实际工作能力却不止于此。魏小娥意识到，思想上的桎梏，已经使这些技术员停滞于废品率的最低只能降到2%，所以他们每次做到2%就会停下来。

但作为一个海尔人，魏小娥的标准是100%。于是她拼命地利用在日本的每一分每一秒刻苦学习，3周后，魏小娥回到海尔，把2%放大成100%去用心研究。不管是一个黑点还是一根头发都不放过。半年后，日本模具专家宫川先生来海尔公司访问。

面对着海尔一尘不染的生产现场、操作熟练的员工和100%合格的产品，宫川先生惊呆了，反过来向魏小娥请教。魏小娥简单地答道："因为我们更用心工作。"

实战场景

邱堂宇是一名文字编辑，负责公司的软文推广、客户报编辑以及网站宣传。干他们这一行的，都有个规矩，那就是稿子完成之后，要经过上面领导审批和查改。毕竟关乎公司的脸面，尤其忌讳文章里面有错字、漏字，几千上万字数的文章，可以允许有个别错别字，但绝不能超过万分之三。也就是一万个字里面，不能超过三个错别字。

然而，最近新换了总编，以前的规矩全改了。新总编的要求是，谁负责撰写的文章，谁就负责修改，等文章到了她的手里，她不希望看见哪怕一个错别字。

如此"严苛"的规矩，直接引爆了大家的情绪，邱堂宇更是满心不爽，心道谁还没个手误了，百分之百的准确率也太欺负人了。新总编知道了大家的怨气，就一个一个地找他们谈话。与邱堂宇约谈时，总编就给他讲了魏小娥的故事，说："百分之百的准确率，听上去是有些不可能。可真有那么难吗？只要你在写的时候多用心就能搞定了。"

深度分析——如何鼓励员工更加用心工作

在一个团队中，永远不缺这样的员工：对自己不自信，或者说对自己要求低，有一种另类的"60分"心理。管理者稍微提高一下要求，或布置一个难度高的任务，他们就呼天抢地，满口"这不可能，我做不到"，"要求太高了，根本不可能的啊"。

这些员工很少有工作出彩的，因为他们对待工作的态度，就像那些日本技术员一样，做到规定的标准就好，从没想过超过标准。说到底，其实就是这些员工不够有进取心，也没有真正思考过，自己是不是有能力做得更好，也就是对工作还不够用心。

其实，员工之所以不用心做事，抱怨领导的命令太苛刻，往往就在于他们看轻了自己的能力，认为自己已经做得不错了，没可能也没必要再进一步。殊不知，很多时候，只有想不到，没有做不到。只要你敢去想，敢去为之努力，就会有所收获。

想要转变员工的这种想法，管理者就要多鼓励员工，帮助他们发现自己的潜力。然而，大道致简，知易而行难。作为管理者，天生就站在了员工的对立面，如果再高要求约束员工，更会激起他们的抗拒心理，如何才能使他们更加用心工作呢？

首先，管理者要善于"打鸡血"。哪怕再简单的工作，要想做到百分之百，都不是一件容易的事，甚至称得上难如登天。因此，想要员工以如此高的标准来要求自己，管理者首先要学会"打鸡血"，为员工摇旗呐喊，鼓舞助威，员工才有勇气挑战。

如何"打鸡血"？为员工描绘美好的公司愿景，这是必不可少的，只有让员工看到公司的发展前途，员工才有安全感，也才会有紧迫感，逼迫自己做到更好。当然，这个愿景一定要符合实际，有可操作性，不可假大空，否则会使员工失去动力。

其次，管理者要多"包容"。让员工追求更高的工作标准，这本就属于"合同之外"的事。就像那些废品率在2%的日本员工，他们既没有违反公司规定，也没有懈怠工作。这个时候，如果管理者一股脑训斥对方："你们怎么做事的，为什么不是百分之百？"这样的态度就会让员工反感。"凭什么要我百分之百，我欠你的还是公司规定了？"

因此，在这方面上，管理者不能太过理直气壮，盛气凌人。我们可以迂回一下，给员工分析局势："你看，现在竞争越来越激烈，公司人才越来越多，工作的标准也越来越高，你是不是也应该对自己严格一些……"这样的方式，员工更容易接受。

最后，建立相应的奖励制度。对于那些能够把工作做到极致的员工，予以适当奖励，以此激励其他员工争相效仿，慢慢带动整个团队形成"追求极致"的风气。

8. 方法总比问题多

詹妮芙是美国一名女律师，曾用 5 小时打赢一场官司，被美国法律界传为美谈。事情是这样的：一个叫康妮的女孩在街上被一辆卡车撞倒，导致高位截瘫，但肇事方在律师的帮助下，却撇清了所有的关系。女孩儿无奈找上詹妮芙，希望她替自己申冤。詹妮芙在仔细分析案件之后，终于从肇事者所用的卡车上找到线索，发现了新的证据。

詹妮芙当即找上肇事方律师，希望对方给予康妮应有的赔偿。在铁证之下，对方的律师没有反驳，而是先答应下来，骗取詹妮芙的信任，然后利用借口拖延时间，妄想把诉讼的时间拖过去，这样法院不会再审理这个案子了，詹妮芙也会不战而败。

就在案件即将过期的最后几个小时里，詹妮芙也意识到对方欺骗了自己，问秘书："准备这份案卷要多长时间？"秘书回答，只有三四个小时，已经来不及了。

但她不愿意放弃，想到了利用时差的办法：隔一个时区就差一个小时，位于太平洋上的夏威夷在西十区，与纽约时差整整5个小时，而生产肇事者卡车的那家汽车公司，在美国各地都有分公司，她们完全可以把起诉的地点西移，时间上就勉强够用了。

于是，在最后的5小时里，詹妮芙以事实铁证赢得了陪审团全体成员的认可，康妮胜诉，那家汽车公司和肇事方一起承担责任，赔付了600万美元的损失费。

实战场景

新来的销售周子旺，重点本科大学毕业，能说会道，学习能力又很强，按理说应该是一名值得培养的人才。然而，此人耐性不足，对待工作的态度也不够好，总是在抱怨，稍微遇到点事就驻足不前，习惯把问题抛给师傅或上司，不愿主动想办法解决。

比如有一次，一位外地客户因为时间比较紧，就把双方会见的时间安排在了上午八点左右。由于这是周子旺开发的客户，经理李建伟就让他早点到公司，负责接待客户。周子旺却是满心不愿意，说自己住的地方离公司远，上班高峰期交通特别拥堵，不好打车，又说自己是新人，不懂怎么接待客户，总之就是不愿意接下任务，李建伟很生气。

于是李建伟就给他讲了这个故事，然后说道："小周啊，一名优秀的员工，遇到问题时想的不是如何给自己找借口而是找方法。你要记住，方法总比问题多。"

深度分析——如何引导员工主动找方法解决问题

真正优秀的员工，通常是不"擅长"编借口的，他们热爱动脑筋、找方法，也能承担起责任来。他们也许没有超凡的能力，但有超凡的心态，敢于迎接挑战，而不是一遇困境就退缩。只为成功找方法，不为问题找借口，这是每个员工都应具备的素质。

就像故事中的詹妮芙，那最后的 5 个小时何其短暂，于我们大多数人而言，不过是人生长河中的一瞬，但她却以此扭转了一场几乎注定的败局，为一个可怜的女孩儿找回了尊严和生存的勇气。可见，只要你敢于去思考，不放弃，就总能找到方法。

职场中，遇到困难就找借口为自己开脱，遇到艰巨的任务就退缩，是许多员工的共通点。作为管理者，我们有责任去引导员工，提升他们解决问题的能力。

首先，当员工问你怎么办时，管理者不要急着给出答案，而是要引导员工思考，"能不能把问题再详细描述一遍，现在是什么情况？如果把这个问题解决，你希望达到一个什么样的结果？"通过反问的方式，让员工自己去思考问题的本质以及解决方法。

其次，要提升开发员工的思维发散能力。比如，当员工想出一个解决问题的办法时，不管这个办法好不好，先不要急着肯定或否定，而是继续"逼问"对方，"除了这个方法，还有什么其他的方法？""在这几个方法中，你觉得哪一个是最合适的？""如果你是我，你会怎么选择？"通过提高员工的思考宽度和深度，磨炼他剖析问题的能力。

最后，管理者也应该给员工提供相应的环境，多鼓励员工自己想办法解决问题，即使所想的办法不科学、不可取，也不要"一刀切"式的否定对方的成果，而是引导对方尽力想出更好的决策。时间一长，员工自然就会变得聪明，敢于主动解决问题了。

遇到问题只知道推卸责任的人，不管是在单位，还是在社会都没市场，管理者也更加青睐于能主动找方法解决问题、提高业绩的员工。但是，不管管理者如何筛选人才，团队中也总会有不擅长找方法的员工。因此，比起从挑选人才上下功夫，管理者更重要的工作是学会培养这样的人才。一个团队，只有大家都主动解决问题，才是最高效的。

9. 借口是阻碍你成长的最大绊脚石

少林寺有一个小和尚，经常被师兄弟欺负。有一次，他与师兄弟们大闹了一场，被师父赶出少林寺。小和尚不解，为何大家都欺负他，师父也偏袒其他师兄弟。

心灰意冷下，他就胡乱地走。一天，小和尚来到一条小河边，一位仙风道骨的老者正坐在河边的枯草堆上发呆。

小和尚就问："您为什么坐在这里？"

老者说："我无法过河。"

小和尚说："这河不深，应该很容易过去啊！"

老者说："河虽然不深，但水里的石头做错了事。"

小和尚不解："石头也会做事？它们做错了什么事？"

老者说："石头上长满青苔，我一踩上去就会滑倒，所以过不了河。你说，这是不是它们的错，它们不应该长出那么多青苔！"

和尚俯身一探，发现果如老者所言，但他还是感到好笑，就笑道："老人家何必怪石头做错了事？只要我们在脚板上捆一把枯草，踩在石头上就不会滑了！"

闻言，老者大悦。待过了河，老者轻叹一口气："我在这里坐了三个时辰，一直怨恨是那些石头让我过不了河。现在看来，归错于石头，实在是极大的错误。"

实战场景

杨志民进入公司已经三年多了，但是他的职位依旧是最低一级的。因为他遇到问题时总是习惯给自己找借口，推卸责任，以至于失去了很多提升的机会。

比如有一次，团队开发一个新项目，他负责的那个环节出了点儿问题，经理徐伟成打算让他返工，并独立核对结果，直到项目顺利完成为止。本来，他如果听从安排，不但可以趁机强化自己对项目的熟悉度，还能学到其他环节的一些知识，提升自己的能力。然而，他却以"这不是我的问题，是上一个环节先出错的"为借口，不愿意返工。

最后，还是一名新人主动站出来，愿意负责这一块儿的纠错事宜。结果，那名新人借此熟练了自己的业务能力，很快就能独立参加工作，之后迅速得到晋升。这个时候，杨志民才感到不爽，向刘伟成抱怨，刘伟成就向他讲了这个小和尚的故事。

深度分析——如何改善员工找借口的恶习

遇到困难，或者做错了事，为自己找借口辩驳，以期减轻自己的"罪孽"，这本是一种人性的本能。谁也不希望自己做错事，更不希望被别人发现自己的错误，甚至以此作为嘲讽自己的武器。可以说，一个人怀有这样的心思，反而是知道"羞耻"的表现。人只有先知道羞耻，才能知耻而后勇。但是，如果习惯了找借口，也容易麻醉自己。

当下，有不少这样的员工，他们遇到事情，第一时间想到的就是找借口。他们这样做不是为了掩饰自己羞愧的心理，也不是为了接下来铆足劲儿去改正错误，只是为了推卸自己的责任，或是麻醉自己，告诉自己：这不是我的错，我没有做错什么。

带着这种心态的员工，不会为自己的失败而反省，也不会想到如何改进自己的工作，争取下一次做好。借口，已经成为阻碍他们成长的最大绊脚石，更是他们逃避责任与担当的挡箭牌。作为管理者，我们必须杜绝团队中"找借口"的现象。不找借口，直面问题，才能解决问题。但是，面对这种几乎深入员工骨髓的"恶习"，该怎么办呢？

首先，管理者不能过于强硬，要懂得分辨，哪些员工找借口是为了掩饰自己的尴尬，然后知耻而后勇，而哪些员工纯粹只是逃避责任。对于那些能够知耻而后勇的员工，管理者应当委婉地告诉对方："找借口不是英雄的表现，你什么也不用说，我相信你一定会及时改正并迅速提高自己。"而对于那些只是逃避责任的家伙，就要手段强硬。

铁血硬汉式的"我的团队不许有任何借口"，既显得过于武断，也不太实际。管理者把话说得太满，如果不严格执行命令，就会降低自己的威信，但严格执行又会把绝大多数员工都"逼上梁山"，这样是不妥当的。具体对象具体分析，更有可行性。

其次，管理者可以在团队中建立"纠错机制"，给每个人一个改正错误的机会。不管是谁，也不管他犯了什么错，都允许他有一次机会去改正自己的错误，而不用受到惩罚。这样员工就不必为了逃避责任而找借口，削弱了他们"找借口"的动力。

当然，这种机会只能有一次，绝不能太多。若是纵容他们一而再再而三地犯错误，那么团队的整体效率和利益必将大大受损，同时也会导致员工轻视工作。

最后，管理者自己也要身先士卒，勇敢面对自己的错误和不足，承担自己的责任，绝不找任何借口，在团队中营造这样一种氛围，才能真正使员工信服。

10. 打破传统的思维习惯

著名的数学家高斯,从小就是一个敢于打破传统思维的人。在他 10 岁的时候,数学老师布特纳曾在班上出过一道算术题:"$1 + 2 + 3 + 4 \cdots\cdots + 100 = ?$"。

老师心想,这道题的难度不小,可不是初级算数水平的学生们能轻易搞定的,想要算出来必须花好大一阵工夫吧。果然,其他同学一看到题,立刻埋头苦算起来,一个个在纸上写得呼呼响,很久都没能给出答案。只有高斯,不到半分钟就算出来了。

布特纳老师很惊讶,问:"高斯,你是怎么计算的,怎么这么快?"

高斯说:"老师,我取了一点儿巧,没有从头算起,而是把两头先加起来。你看,$1 + 99$ 是 100,$2 + 98$ 是一百……$49 + 51$ 是 100,一共 50 个 100,再有一个 50。所以最后是 5050。"

听到高斯的计算方法,连老师也惊呆了。这种算法,是之前没有出现过的。也就是说,高斯打破了传统,用一种前所未有的方式算出了答案。

实战场景

高建飞是一名厨师长,手底下带着三四个学徒,其中甚至还有一个大学毕业生。对于这个大学生师弟,其他几人很感兴趣，经常打趣他。有一次，几个师兄弟打赌，比赛洗锅。其他几人对大学生师弟说："师弟，我跟你说，别看你是大学生，你洗的锅一定没我们洗的干净。"这位大学生不服气，说："洗锅而已，我还偏不信了。"

于是双方各自拿了一口用了很久的锅开始洗，只见大学生拿起刷子，倒了很多洗洁剂开始刷，末了还煮了一锅开水，以此对锅进行进一步的消毒去污。

然而，当他自信满满地跟师兄们比拼结果时，却发现对方的锅，简直就像新的一样，亮得刺眼。大学生不解，问："你们是怎么洗的，我用那么多洗洁剂都不行啊。"

这时，高建飞笑着说道："你刚入行不久，不懂洗锅的诀窍。人们大多以为用洗洁剂洗更干净，其实，洗锅最好的方法就是烧锅，火焰的高温，会将锅里长期炒菜所积累的油烟沉积物烧软，然后用铲子一铲，干干净净，洗洁剂却洗不掉坚硬的油渍。"

大学生听完，感慨道："师傅所讲的方法完全打破了我之前的认知啊。"高建飞意味深长地说："所以说，要当好厨师，脑袋瓜也得灵光，要能想出新玩意儿呢。"

深度分析——如何引导员工打破思维定式

习惯于用传统思维去考虑问题、分析问题，无法突破现有局限和束缚，我们通常叫这种情况为"思维定式"。简单来说，就是用一种固定的思维模式思考问题，不敢创新。这在当下竞争激烈的职场中，是不可取的。敢于打破思维定式的人，往往有更开阔的视角、更高的工作效率、更绝妙的点子，因而具备更强的竞争力，为管理者所喜欢。

从古今中外的历史发展来看，有许多名人、大企业家，都是因为敢于突破传统的思维模式，用全新的角度看待问题，这才获得成功。如竖立鸡蛋的哥伦布、"旱冰鞋"的发明者吉姆、味精的发现者池田菊苗，他们的成功都源自对传统思维的突破。

因此，管理者如果能激励员工掌握这种能力，不拘泥于固有的思维模式，那么对团队的建设和发展是大有裨益的。但是，要如何引导员工突破思维定式呢？

首先，要让员工清楚地意识到"思维定式"为何物。其实，思维定式多是从环境中继承的。一件事或相似的事重复发生，就会在我们大脑中留下潜意识，形成"定式"。在工作中，员工日复一日重复进行的工作流程，或相差无几的工作内容……也是一种定式。

其次，通过对"思维定式"知识的相关培训，使员工能够清楚意识到，自己每天在做的事情中，有哪些是已经形成了定式的，然后再刻意去尝试，用与平时完全不同，甚至相反的方式做事，以此来获得全新的视角，进而收获新的技能和经验教训。

最后，管理者可以定期举行一些思维逻辑方面的培训，采用科学的方法，帮助员工掌握用"发散性思维"思考问题的能力，让他们在日常工作中积累经验。

比如，在逻辑训练中有一种"思维陷阱"的说法，提倡让人忘掉之前的经验、知识，重新以小孩般"空白"的视角看待问题，有助于发现固有思维的漏洞。

举个例子：一位律师在路边同一位老人谈话，这时跑过来一位小孩对律师说："你爸和我爸吵起来了。"问两个吵架的人和律师是什么关系？

很多人习惯性地把律师当男人去思考，结果得不出答案。但是，一个小孩儿却一下子说出答案：律师是小孩的妈妈，吵架的是小孩的爸爸和外公。

通过这些科学的训练方法，能够有效地帮助员工提升自己的思维发散能力。当然，最重要的是管理者要给予员工信心，多鼓励他们，让他们有足够自信去深层次、宽领域、多角度地思考问题。总之，引导员工打破思维定式，有助于团队成长。

11. 让下属学会逆向思维

一位烟草公司的推销员被公司派往美国进行香烟销售工作。可不幸的是，他到达美国的时间段正好赶上了当地的戒烟月，又恰逢阴雨天气，如果一个月内不将运来的香烟卖掉，那么它放在这里一定是会发霉的。

这可愁坏了这位推销员，正当他在所住的旅馆里急得团团转时，忽然发现房间的墙上标注的四个大字"禁止吸烟"。他灵机一动，想出一个"逆中寻顺"的高招。

第二天，他跑到当地一家非常有影响力的报刊机构，登了这样一则广告：我们要与美国政府保持高度一致，在这个月内禁止吸烟，就连某某牌香烟也不得进口。

人们看到这则广告，都纷纷对这个牌子的香烟产生了强烈的好奇心。还没等到禁烟月过去，推销员带来的香烟就被抢购一空了。

第二个月，在美国的大街小巷都可以看到这个牌子香烟的身影了。

实战场景

范鹏宇是一家三星级餐厅的老板。在这个小县城，他的餐厅可以说是最成功的一家，每天进出的客人络绎不绝，一年四季如此，真是羡煞了旁人。很多同行向他打听成功秘诀，他都笑而不语。但是在餐厅每一次招收新人的时候，他都会亲自做培训。

他会给每一个新人讲销售香烟的故事，并结合他自身的经历。原来，当初开店之初，他的餐厅只是路边的一个小饭馆儿，面积不大，一共也就五六张桌子大小。但是由于来往的客人都是工人、学生，吃饭时往往是几个人一起，又吃又喝还"开聊天大会"，导致后来的客人没地儿坐，就直接离开了。一天下来，经营不了几轮就收工打烊。

为此，范鹏宇急得不行。一次偶然的机会，他在书上看到，说红色餐具会影响人的胃口和进食速度，令人无法安心享受美食。他灵机一动，心想：如果我把盘子、碗全部换成红色的，会不会"逼"客人快速吃完走人呢。想到就做，他很快将店面、餐具改换一新，果然收到成效，客人们吃饭再也不"开会"了，一天的客流量迅速得到提升。

他总是用这个故事和自己的经历勉励新人："你们要记住，有时候，把问题反过来分析，很可能得到意料之外的结果。做人不能太死板，要学会反着去思考问题。"

深度分析——让下属学会逆向思维

所谓逆向思维，是比打破思维定式更具针对性的一种思考模式。说白了，就是"你让我向东，我偏向西"，通过反向分析的方式，得到不同的结果和分析视角。

生活中，运用这种"逆向思维"的例子有不少，比如餐厅刻意在旁边修建一座厕所，按理说，吃饭的旁边有这样不雅的事物，应该很影响生意才对。但事实却是，很多司机为了方便，都选择将车停在这里。如此一来，顺带地也就会光顾旁边的餐厅了。

可见，逆向思维是一种重要的思维方法，能够帮助我们学习知识和解决问题。同样的道理，如果让员工也掌握这种能力，那么不但能提升他们独立解决问题的能力，还能拓宽团队业务领域。管理者让下属学会用"逆向思维"思考问题，好处毋庸置疑。

不过，从本质上来说，逆向思维是一种质疑的能力，只有对已有的经验、结论或模式感到疑惑，才会想到从相反的方向去思考。换句话说，"逆向思维"并非简单地唱反调，而是基于对"正向思维"的足够了解，提出相应的"反向思考"，以期挖掘出新线索和答案。因此，想要让员工掌握"逆向思维"的能力，首先要提升他们的思考能力。

其次，管理者可以通过逻辑训练法，提升员工逆向思考的能力。比如"结构逆向"：把具体实物倒换位置，以开拓视角。手机都是正向显示的，如果把画面反过来呢？假如把手机放在汽车仪表盘上，导航软件的画面反射到前挡风玻璃上，就形成了正面，我们就不需要低头看手机。

又比如"状态逆向"。通过把主、客观的状态进行调换，得到新状态。就像工人锯木头，木头不动锯子动，换过来，锯子不动木头动，就是台式电锯了。

其他还有功能逆向、原理逆向、序位逆向、方法逆向等，通过这些科学的训练方式，让员工有针对性、有目的性地在不同领域进行逆向思考，成长速度也更快。

逆向思维是从事物的反面去思考问题的解决方法，而人的大脑是思考的吝啬鬼，如果已经有了一套做事模式，那么大脑就会习惯于不思考。因此，调动员工的大脑，让他们学会从相反的方向思考问题，不但能提升他们的思考能力，也能创造更多可能。

TO BE A
STORYTELLING
MANAGER

做·会·讲·故·事·的·管·理·者

高效的秘诀，
关于时间管理的小故事

1. 让下属像钟表一样守时

美国铁路大亨范德比尔特，有一次约一个青年人上午 10 点到他办公室谈话，到了 10 点，不见青年的身影。他就去参加另外一个会议了。几天后，范德比尔特再次见到青年，就问为何上次没能赴约。青年答："先生，我那天是在 10 时 20 分到的。"

范德比尔特说："但我是约你 10 点到的。"

"是的，我知道。"青年支支吾吾地回答，"但是只差了 20 分钟，应该也没什么吧。"

"不！"

范德比尔特严肃地说："一个人能否准时，是很重要的。就以此事而论，你不能准时赴约，便失去了你想得到的工作。"原来，这个青年是范德比尔特十分看好的后生，当时铁路局正缺一名职员，他打算推荐青年人，青年人也十分向往这份工作。

只可惜，就因为那 20 分钟的迟到，范德比尔特没能见到青年人，最后铁路局录用了另外一个人。范德比尔特说："年轻人，你没有权利看轻我那 20 分钟时间的价值，而让我在这段时间里闲着等候你，在这段时间，我还要参加两个重要的会议呢。"

实战场景

宋志强最近进了一家中介公司，这家公司什么都好，福利待遇好，薪水又高，上司领导又很关爱员工，公司还规定，下级绝对不允许给上司送礼。可以说，这是新时代年轻人最向往的一类公司了。但就是有一点不好，甚至让他难以忍受。公司对迟到早退的规定异常苛刻，上班只要迟到一分钟，就会被扣全勤。

有一次，宋志强因为感冒，在上班路上顺便看了医生，买了一盒药。他到公司的时候，比规定的上班时间晚了 3 分钟。本来他以为，自己带病上班，怎么说也是值得表扬的行为了，哪知道，经理王洪磊逮着他就是一阵痛批说教。

宋志刚当场怒了，说："不就 3 分钟，有什么大不了的，又不影响今天的工作，我下午加班加回来还不行么。还不允许人生病了真是……"越说越来气。

经理王洪磊也不搭腔，就那么听他发泄，等宋志强说完之后，他才叹气道："小宋，你以为我是在针对你？还是公司在针对你？你知不知道，以前有很多同事，就因为开月会的时候迟到了 1 分钟，结果被老总当场辞退。你以为这 3 分钟是小事？"说着，他把这个故事讲了出来，并说："小宋啊，职场人士不守时，是不可饶恕的事啊。"

深度分析——让下属像钟表一样守时

《零售巨头》一书的作者，斯坦利·马库斯曾经说过："我一定会准时，因为我的时间很重要，别人的时间也很重要。如果我发现有人不打算持有同样的态度，我就会想办法另找人打交道。"许多行业中的顶尖人物也都遵循这种原则，美乐达公司最优秀的一位业务员也承认："真正好的业务员不会让别人等他们。"可见时间观念的重要性。

在一个团队中，如果没有严谨的时间观念，很多时候会影响整个团队的风气。比如早晨上班，你迟到一分钟，他迟到三十秒，人数一多，就会形成这样的局面：你刚开始安排今天的工作，就有人急匆匆跑过来，打断你的思路，然后你好不容易收拾心情，刚要继续开始的时候，又有人跑进来……这样一来，大大影响了团队的整体效率。

并且，不重视时间观念，还会导致员工对公司、团队的其他规定也产生轻视。所谓千里之堤毁于蚁穴，如果不能严格遵守上下班时间，而管理者又管理不严，员工就会想：迟到一会儿都没事，看来公司的规定还是挺有弹性的，那么我如果犯点儿其他的错，只要态度好一点，应该也没什么问题。于是开始放松警惕，对工作抱有懈怠之心。

为防止员工生出这种心思，管理者应当严格执行公司的作息表，并培养员工的时间观念。员工只有像钟表一样守时，团队也才能像钟表一样精准运行。

首先，要让员工认识到守时的重要性，只有员工自己意识到守时的意义，才不会对管理者为此所做的各种规定产生排斥。多一分理解，上下级之间的配合就越默契。因而管理者应该定期举行相关培训，让每一个员工认识到"守时"的意义。

其次，制定健全的"时间管理"制度，对不守时的员工做出适当的惩罚，对严格守时的员工予以一定的激励。比如一些公司采用的"全勤奖"制度、"迟到罚金"制度等等。但需要注意的是，在处罚方面，不能制定得太严苛，否则，会适得其反。

最后，管理者也应该做出表率，不能只让员工严格要求自己，而自己放松懈怠。联想创始人柳传志，因为开会迟到 5 分钟，自己在办公室外面罚站，这种领导以身正法的表率，往往是员工最大的动力，也是诠释规章制度权威性的最佳证明。

2. 把工作的大目标分解

1984 年，东京国际马拉松邀请赛上，名不见经传的山田本一夺得世界冠军。记者采访他，问他是凭什么取得胜利的，他说了这么一句话：凭智慧战胜对手。

对于这个答案，很多人付之一笑，认为是这位冠军膨胀了，故弄玄虚。马拉松赛是体力和耐力的运动，只要身体素质好，就可胜利，说用智慧取胜太可笑了。

然而，两年后，在意大利国际马拉松邀请赛上，山田本一再次获得了世界冠军，记者又请他谈经验。山田本一的回答的仍是上次那句话：用智慧战胜对手。这一次，记者在报纸上没有再挖苦他，人们也开始相信他的话，但对他所谓的智慧迷惑不解。

10 年后，这个谜被解开了。原来，每次比赛前他都会先乘车把比赛线路看一遍，把沿途比较醒目的标志画下来。比如第一个标志是银行，第二个标志是一棵大树……这样一直画到赛程终点。40 多公里的赛程，被他分解成一个个小目标分段完成。

山田本一说："把目标定在 40 多公里外，终点线上的那面旗帜上，跑到十几公里就疲惫不堪了，会被前面那段遥远的路程吓倒。分解目标会让我更加轻松。"

实战场景

雷国辉最近进了一家销售公司，主要从事房地产租赁、出售业务，工作内容比较简单，但是每个员工都有业绩要求。比如雷国辉自己，就被要求在一年之内完成交易额 100 万的任务量，如果到时候完不成，就会被辞退。为此，雷国辉心烦得很。经理侯晓光看出他有心事，工作状态不佳，就找他谈话，问他是不是发生了什么事。雷国辉说："经理，我只是初入这个行业，一下子就给我定百万业绩的目标，是不是有点儿太快了，我感觉自己完全办不到啊。"

侯晓光听后，说："原来你在担心这个，别担心，肯定能完成的，我们的单子一般都比较大，只需要三四个单子，百万业绩就成了。公司这么多新人，很少有人因为完不成这个任务量而被辞退的，放心吧。"

"可是，"雷国辉还是很担心，"我现在对业务都还不太熟悉……"见他滔滔不绝地说着自己的担忧，侯晓光笑了，说："你听过马拉松选手山本田一的故事吗，他……"说完这个故事，侯晓光继续说道，"其实，你就是被'百万'这个数字吓到了。"

深度分析——如何把工作的大目标分解

在现实中，很多人做事之所以会半途而废，往往不是因为难度较大，而是觉得成功离自己较远。确切地说，他们不是因为失败而放弃，而是因为倦怠而失败。

山田本一说的不是假话，心理学家也证实了这一点：当人们有了明确目标，并能把自己的行动与目标不断加以对照，进而清楚地知道自己的行进速度与目标之间的距离时，人们行动的动机就会得到维持和加强，会自觉克服一切困难，努力达到目标。

简单来说，要想实现一个较大的目标，就要像上楼梯一样，一步一个台阶，把大目标分解为多个易于达到的小目标。每前进一步，达到一个小目标的时候，就会体验到"成功的喜悦"，这种"喜悦"会充分调动我们的潜能，使我们朝下一个目标前进。

在工作实践中，有不少员工就是因为不懂目标分解，被年度目标，或自己的职业目标所吓倒，觉得自己不可能完成，以至于消极怠工，失去动力和信心。作为管理者，我们必须帮助员工学会分解目标，提升他们的积极性和动力，进而提高团队效率。

要分解大目标，我们首先要搞清楚，大目标的本质及其构成，以及完成它所必须具备的各种要素。比如，以一个销售人员为例，他的年度目标是业绩300万。那么，作为他的管理者，应该如何帮助他将年度目标分解为季度目标、月目标甚至更小呢？

第一，树状分解：一年业绩300万，听上去的确有些吓人，但是如果将它分摊到每个月呢？这个数字就会大大减小，平均下来每个月也就是 25 万，不吓人。

第二，小目标分解：如何实现一个月业绩 25 万呢？看销售的对象是什么，如果是大宗商品，如重型工程设备或是高端房地产，那么只要保证每个月能成交一单，差不多就能完成任务了。如果是小额度的商品，就必须走渠道销售才可能完成任务。

第三，将目标精确到每一天：比如，想要在一个月里卖出一套房子，我们应该做些什么呢？首先是找客户，然后联系客户看房，帮助对方找到有购买意愿的房子，然后谈价格，谈合同签订……这样细化下来，就可以精确到"我们每天必须开发多少个客户，才能保证有一个出来看房，每天带看多少次，才有一个有购买意向，每天有……"

通过"三步走"的战略，将年度的大目标分解为每天的任务量，只要保证完成每天的任务，那么最后的结果一定差不到哪儿去。不只是销售行业，其他领域的工作目标也一样，都可以根据这个方法分解。这样一来，员工只需要将目光放到当天的小目标上，就不会被"大目标"吓倒，而每天完成任务，又能增强他们的信心和动力。

3. 专注于一件事就是高效

有一天下午，卡耐基正在自己的办公室办公，一位公司的老板来拜访他。当对方看到他的办公桌时，很是惊讶，问："先生，你没处理的信件放在哪儿呢？"

卡耐基说:"我所有的信件都处理完了。"

老板脸色变了,追问道:"那你今天没做的事情又推给谁了呢?"

"我所有的事情都处理完了啊!"卡耐基微笑着回答。

这时,卡耐基转过了头,看到这位公司老板神情困惑,想要继续发问,卡耐基就主动解释说:"是这样的,我需要处理的事情很多,但我精力有限,一次只能处理一件事,我就按照所要处理事情的重要性,列一个顺序表,然后一件一件地处理。"

就这样,卡耐基用再平淡不过的语气陈述了这件事实。当这位老板听完他的话后,颇为感慨地说道:"看来,我也要用这个方法来改变自己的工作方式了。"

实战场景

陈秋双大学毕业后,为了找工作考了会计证,进了一家国际贸易公司当会计。不过,私底下她又在考公务员,同时还在自学会计师课程,打算将自己的会计师等级提一提。除了这些,她还在寻找合适的网校培训机构,打算报一个在职考研的培训班。

由于想要做的事情太多,分散了她的精力,在工作上常常状态不佳,不是顶着黑眼圈上班,就是筋疲力尽地拖着箱子出差。有好几次,她都因为精神恍惚算错了数据。经理刘向前很纳闷,不解她为什么总是这么疲惫,说她努力工作吧,她的效率并不高,说她没努力工作吧,那副拼尽全力的姿态不是作假。于是,刘向前决定找她谈一次话。

在刘向前的再三追问下,陈秋双终于说出了自己疲惫的原因，并向刘向前保证，自己绝对会用心工作，不会偷懒，不会影响到工作。刘向前摇摇头，说："你这么好学，本来是一件好事。但是，同时分心做这么多事，以你的精力，能应付得过来吗？"

接着，刘向前给她讲了"卡耐基的办公桌"的故事，说："一个人的精力是有限的，同时分心做太多事，只会降低做事效率。你这样继续下去，恐怕会徒劳无功。"

深度分析——让员工只专注于一件事

分心诸多事务，不能专注于一件事，是绝大多数员工的通病，也是阻碍他们进一步成长和团队发展的最大难题。著名效率管理专家，《高效能人士的七个习惯》的作者史蒂芬·柯维说过："一个人做事缺乏效率的一个根本原因，就在于没有固定的目标，他们的精力太过分散，以至于一无所成。"个人尚且如此，于团队而言也是一样的道理。

因此，为了团队的整体发展，也为了员工自身的发展，管理者应当培训员工"专注一件事"的能力，帮他们管理、规划工作，不要让不必要的杂事分散精力。

首先，要提升员工的规划能力。以陈秋双为例，她想要做的每一件事，从长远的角度来看，其实都很重要，但放到一起，很容易使她筋疲力尽，最终一事无成。这个时候，管理者就可以帮她分析：哪些事是可以放到后面慢慢做的，哪些事是必须当下做的。比如考研和考会计师证，这两个完全不必放到一起来做，可以先考了会计师证再说。

说白了，就是让员工明白轻重缓急。同样，对于那些一心放到工作上的员工来说，这也是适用的。完成今天的任务是首要的，那么就将精力放在今天的任务上，至于明天的工作计划、昨天的错误，一切都等到完成今天的任务之后再去做。

其次，帮助员工制定有规律的作息表。比如，将每天的工作时间和生活时间分开，工作的时候就工作，享受生活的时候就不要再想着工作上的事了，让自己的大脑有足够的休息时间，以备第二天的工作。另外，在工作时间之内还要做更详细的划分。

比如，把开始上班的第一个小时用来回顾昨天的工作，之后的六个小时用来完成今天的工作，剩下的一个小时则用来安排明天的工作计划。当今天的工作没有在规定的时间内完成时，可以适当加班，务必保证"今日事今日毕"，不把事情留到明天。通过这类具体而明确的"工作时间规划表"，帮助员工收拢精力，明确自己一天要干的事。

最后，要敢于让员工走出舒适区。所谓"饱暖思淫欲"。很多时候，给员工提供过好的环境，会腐蚀他们的意志力，客观上为他们创造"一心多顾"的条件。

比如，在员工吃饱喝足后，办公室的暖气开到二十五六度，放着舒缓的音乐，大家都安安静静，默不作声。这个时候，员工就容易"瞌睡"与"工作"齐飞；再比如，给不必用到电脑的员工配备电脑且开着无限量的 WIFI，就容易"勾引"员工走神。

适当地让员工走出舒适区，不盲目配备电脑，只要天气不是太凉，就不要开暖气，让员工多一些"凉意"和"无趣"，他们才能专心致志地投入到工作中去。

4. 别让粗心大意吞噬你的时间

美国著名的时间管理专家尤金，之所以从事时间管理方面的研究，在于他曾经有过一段不好的经历。事情的经过是这样的，那是一天下午，他突然找不到自己的约会记录簿了。对他而言，这简直是惨剧。因为他把自己所有的工作计划、行程都记录在里面，失去了它，他就不能作计划、不能接受邀请、没办法做任何有建设性的事，他很不安。

于是他开始猜想所有自己可能会放记录簿的地方，然后每个地方挨个儿找，很快几个小时过去了，他把那些地方翻了一遍又一遍，连那些不可能的地方也找过了。之后又打电话向所有朋友求助，问他们有没有看见自己的记录簿。最后，他还是没找到。

心力交瘁之下，他决定小睡一下，顺便幻想着有人会帮他找到记录簿，然后打电话通知他。他心里祈祷："老天爷，求求你让我的电话响吧。"很明显，没人给他打电话，他又惴惴不安地起来，第四次去车里找。终于，他在车门和前座的夹缝找到了记录簿。这下子，他忐忑的心终于平静下来，可整个下午的时间都没了。

实战场景

杨若男是个大大咧咧的女孩儿，从小就有丢三落四的坏习惯。大学毕业，参加工作后这个习惯还是没改掉。经常是匆匆忙忙上班，挤上公交后发现工卡没带，好不容易走进了办公室，又发现昨天未完成的文件不知道放哪儿了，于是翻箱倒柜地找半天。

有一次，经理参加总部培训，带回来一份重要的学习文件，本来打算第二天开团队会议的时候，带领大家一起学习。因为杨若男说了句"经理，我先看看呗"，经理就把文件交给她保管了。哪知道，等到第二天开会的时候，她找了好半天都没找到。

最后，还是一位同事提醒她，是不是昨晚带回家了，因为他昨晚下班的时候，看到她往自己包里放了什么东西。杨若男这才想起来，似乎的确被自己带回家了，很尴尬地跟大家道歉，气得经理说不出话来。事后，经理找她谈话，给她讲了"记录簿"的故事，说："若男啊，你这丢三落四的习惯得改了，你看你每天有多少时间都被浪费了。"

深度分析——让员工学会管理时间

东西乱放，一找就是半天，这是很多员工都有的坏毛病。很多人借口"因为太忙，放的东西忘记了"。殊不知，这是本末倒置了，很多时候，正是因为没把东西放好，没有养成好的习惯，没有管理好时间，才导致时间被浪费在无意义的事情上，进而使自己忙碌。这样的忙碌是低效的，而粗心大意，更是导致一些员工"瞎忙"的罪魁祸首。

一个团队，如果粗心大意的员工过多，就会影响团队工作的正常运行。把时间花在"找东西"上，用于工作的时间就短了，再加上，绝大多数员工都没有主动加班的意愿，导致他们不愿意多花时间将自己浪费掉的工作时间弥补上。这就导致了，他们必定会在较短的时间内"加快速度"工作，力求完成任务。最后，工作的质量就会受到影响。

因此，作为团队的管理者，不管是为了团队的整体效率和利益，还是为了员工的工作质量及自身的成长，都有必要帮助他们提升对时间的利用率，帮助他们改掉"粗心大意"的坏毛病。具体来说，如何才能帮助员工合理利用时间，不再找东找西呢？

首先，营造良好的环境，提高员工之间的信任，劝诫他们不要藏东西。藏的东西多了，难免会忘记自己把东西放哪儿了。大家彼此信任，就不用藏东藏西了。

其次，建立员工之间的互相提醒机制，让大家一起"监督"，只要是急用文件，就把放的地方告诉其他成员。这样一来，即使一个人忘了，其他人也能知道。

再次，提倡大家"物归原处"。比如给自己的文件、生活用品、钥匙、配件、娱乐玩耍的物件等等，分区管理，然后每次用完之后都要放回原处。这样就不会花心思去记了，需要什么就去相应"管理区"取就是了，省时省心。

再次，养成"记录"的好习惯。重要的文件、加密的信息、下一步的工作计划……不要只是用脑子去记，多费点心，将它们记录在工作本上，或日程表上，这样就不会忘记了。虽然看上去更麻烦，但一旦投入到实际工作中，能为我们节省不少时间。

最后，要培训员工"稳"的能力。做事要沉稳，要三思而后行，不要匆匆忙忙，"赶着投胎"似的态度去做。比如出门之前，先想想自己要带什么东西，带齐了没；进行一个项目之前，先想想自己应该准备什么文件。事先想清楚了，就不会丢三落四，将自己的时间白白浪费在"找"上面了。如此一来，员工就能腾出更多时间用于工作上。

5. 让你的下属抓住"零碎"时间

著名的美国近代诗人、小说家和钢琴家爱尔斯金，小时候拜卡尔·华尔德为师，向他学习钢琴。有一天，卡尔问爱尔斯金："你每天要练习多少时间钢琴？"

爱尔斯金说："大约 3～4 个小时。"

"你每次练习的时间都是这样长吗？"卡尔又问。

"我想这样才好。"爱尔斯金说。

"不，不要这样！"卡尔说，"你将来长大以后，每天不会有长时间的空闲的。你可以养成习惯，一有空闲就几分钟几分钟地练习。比如在你上学以前，或在午饭以后，或在工作余闲，5 分钟、5 分钟地去练习。把小的练习时间分散在一天里面，长久如此弹钢琴就成了你日常生活中的一部分了。"

长大后，爱尔斯金回忆起老师的教导，觉得真是至理名言。他在哥伦比亚大学教书的时候，他想兼职从事创作。可是上课、看卷子、开会等事情把他白天和晚上的时间完全占满了。差不多有两个年头，他不曾动笔，他的借口是"没有时间"。

后来，他突然想起了卡尔·华尔德先生告诉他的话。到了下一个星期，他就把卡尔的话实践起来。只要有 5 分钟左右的空闲时间，他就坐下来写作 100 字或短短的几行。出乎意料，在那个星期结束时，爱尔斯金竟写出了相当多的稿子。

再后来，他用同样积少成多的方法创作长篇小说。爱尔斯金的授课虽一天比一天繁重，但是每天仍有许多可利用的短短余闲。他同时还练习钢琴，发现每天小小的间歇时间，足够他从事创作和弹琴两项工作。

实战场景

新来的电话销售张彩艳整天抱怨时间不够用，嚷嚷着干不下去了，想辞职。李青云作为经理，不得不找她谈话，一是安慰这名新人，二是不让她影响团队氛围。

李青云问："你说说，你要干些什么事，时间不够用。"

张彩艳掰着指头说："经理你看啊，早上八点半上班，店里开早会要开到十点半，甚至有时候还会开到十一点半。开完会，您又要和我们小组的人开会。这一下又得半小时。然后按规定，我们每天要打三百个电话，并且是有效通话，不能是敷衍……"

听后，李青云想了一会儿，才说："你这样算，看起来时间的确有些不够用。但是，你每个电话打完后是立刻打下一个电话，还是先休息一两分钟再打呢？"

张彩艳不说话了。李青云又问："每次开完会，你是立刻投入工作，还是先发一会儿愣，才开始收拾心情，慢慢进入状态？"

张彩艳又不说话。李青云又问："每天中午吃完饭，你是玩手机到两点，然后上班后一个小时内都昏昏欲睡呢，还是用二十分钟小憩一下，然后全力战斗？"

面对经理步步紧逼的话，张彩艳终于红着脸，小声说道："可是经理，那点时间……加起来也没多长啊，对比繁重的任务量，不算什么的吧。"

李青云笑了笑，就给她讲了这个故事，然后说："1分钟也能做很多事，你的前辈们任务量更大，但他们没有抱怨过时间不够用，因为他们抓住了每一分钟。"

深度分析——1分钟也能做很多事

1分钟能做什么？一个资深编辑1分钟能看完一篇至少上千字的文章，并初步找出其中的语法错误、结构问题；一名打字员1分钟至少能打300字以上；一个熟练的销售可以排除掉三个无效电话或说服一名客户出来面谈；管理者可以发一封邮件……

俄国历史学家雷巴柯夫说："时间是个常数，但对勤奋者说来，是个变数。用'分'来计算时间的人，比用'时'计算时间的人，时间多59倍。"

东汉学者董遇说："我是利用'三余'来学习的，即冬者岁之余，夜者日之余，阴雨者晴之余。"鲁迅先生说过："我只是把别人喝咖啡的时间都用在了工作上。"时间从来都是一分钟一分钟浪费的，在我们没有意识到之前，就悄悄从我们手中溜走了。

在团队中，很多员工都没有意识到，他们的时间就是在他们不重视的时候，一分一秒地溜走的。开完会先发会儿愣，等到一杯咖啡喝完了才开始进入状态，中午十一点半过后，就开始思考中午吃什么，分心走神，吃完饭不睡午觉，结果下午上班，至少前一个小时都昏昏欲睡……算下来，一天当中，他们至少有上百个"1分钟"被浪费。

时间像海滩上的沙粒，要一点一点地抓取，积累到很多的时候，我们才能知道它的分量。同样，在我们没有注意到的地方，它们也像沙粒那样一点一点地溜走。等到我们感受到分量时，已经浪费太多时间了。作为管理者，我们要帮助员工抓住这些时间。

如何帮助员工抓住零碎时间，充分利用好被浪费的"1分钟"？这需要我们管理者提高警惕，加大监管力度，同时提升员工的时间管理意识，让他们意识到时间的可贵。另外，也可以帮助员工制定详细而具体的时间规划表，尽量规划好一天的安排。

合理安排时间，就等于节约了时间。只要员工能综合利用好自己零碎的时间，其工作时间也就相对增加或延长了，团队的效率就会提高，像张彩艳口中的抱怨也会减少，且员工一旦养成这种习惯，管理者也会更轻松。

6. 让下属学会给事情排队，重要的事情先做

一位青年大学毕业后，曾豪气地为自己树立了许多目标，可几年下来，一个目标也没达成。烦恼的他前去找智者解惑。智者正在河边小屋里读书，见到青年前来，微笑着听完他的倾诉，就笑着说："来，小伙子，你先帮我烧壶开水，我再告

诉你!"

青年看见墙角放着一把极大的水壶,旁边是一个小火灶,可没发现柴火,便出去找。他在外面拾了一些枯枝回来,装满一壶水,放在灶台上,在灶内放了一些柴火便烧了起来。可是由于壶太大,那捆柴火烧尽了,水也没开。于是他跑出去继续找柴火,可回来时却发现那壶水已经凉得差不多了。

这回他学聪明了,没有急于点火,而是再次出去找了些柴火。由于柴火准备得足,水不一会儿就烧开了。智者这时问他:"如果没有足够的柴火,你该怎样把水烧开?"

青年想了一会儿,摇摇头。

智者接着说:"你一开始踌躇满志,想要着手解决的事情太多,就像这个大水壶装的水太多一样,而你又没有足够的柴火,所以不能把水烧开。要想把水烧开,你要么先倒出一些水,要么先去准备柴火!"

青年恍然大悟。

回去后,他把计划中所列的目标划掉了许多,只留下最近的几个,同时利用业余时间学习各种专业知识。几年后,他的目标基本上都实现了。

实战场景

刘云雷的团队最近新来了一名小伙儿,985 院校毕业,年年得奖学金,面试的时候其精彩的表现甚至让面试官感到惊讶。进入团队后,他也很卖力地工作。

但是,不知道怎么回事,前三个月还好,进步很快,工作能力迅速追赶一些老员工。但之后就不行了,进步速度明显慢了下来，工作态度似乎也出现了变化，有时候上班还打瞌睡。作为他的经理，刘云雷心里很着急。他是很看好这个人才的，觉得培养一下以后说不定能成为他的得意门生，眼看他出现问题，就开始留心观察起来。

没几天，刘云雷就发现了问题所在。原来，这名新人买了很多管理学、经理人方面的书籍在看，还看得很用心。刘云雷心想，也许是这些书分了他的精力。于是又找他平时走得近的人问了情况，才得知这名新人"野心"很大，一心想着怎样才能快速晋升，并十分自信自己能做到，于是提前买了管理学方面的书学习，每天都要看到很晚。

了解情况后，刘云雷找到新人，跟他讲了这个故事，说："我理解你的想法，也知道你在为之后晋升做准备。这是个不错的想法，但凡事要有个轻重缓急，你当下的首要任务是，争取以最漂亮的姿态完成工作。"

深度分析——"四象限"时间管理法

很多时候，很多事情单个分出来看，似乎都不错，都有去做的必要。但如果没有科学的计划，把这些事情分个"谁先谁后"的顺序，那么就会使我们陷入"瞎忙"的泥淖，这件事也去做，那件事也着手做，结果眉毛胡子一把抓，啥事情都没做好。更可怕的是，因为分心，连当下最应该做的事情都没能完成，反而为自己招来了失败。

就像案例中，刘云雷手下的那名新人，本来勤奋好学，有上进心是一件好事，能够激励他不断努力，严格要求自己。但他错误地把之后很远的目标计划放在当下进行，以至于无法全力投入到当下的工作中去，阻碍了自己的成长和提升。

职场中，这样的员工不在少数。他们分不清哪些事情是当下最重要的，是需要现在就付出全力的，而哪些事情是可以延后的，是目前不用去过分考虑的。作为团队管理者，我们有必要帮助员工学会"四象限"时间管理法，给事情排一排"先后"。

第一，重要且紧急的事。就是必须立刻或近期内做好的事。除非情况特殊，否则你必须第一时间处理它们。它们的紧急性和重要性，比其他任何事都优先。

第二，重要但不紧急的事。就是稍后再做也没关系的事。就像新人自学管理知识，这对于一个有上进心，有心在职场干出一番大事业的人来说，是十分重要的。但是，当你还是一名新人，连精英员工都还算不上的时候，学习管理技能的事情就可以先放一放，等到你有足够的业绩、足够的资历了，预见会得到晋升，再学这些也不迟。

第三，紧急但不重要的事。指的是表面上看起来需要立刻去做，但如果客观来看，完全可以再缓一缓的事。这样的事，其实没那么急的。比如领导和客户同时要求你发一封邮件给他，这个时候，虽然领导的命令看上去也很急，但通常员工可以先给客户发邮件，等处理完客户的问题，再给经理发邮件，并顺带将其中的原因解释清楚。

第四，不紧急也不重要的事。很多事只有一点价值，既不紧急也不重要，但我们常常选择先做它们，因为它们相对较为容易，会给你一种"有事做"和"有成就"的感觉。比如整理办公桌，又或者来回翻看文件。看似在努力工作，实际上仅仅是因为这些事简单，借以打发时间罢了。花时间在这些事情上，会让你产生自己很努力的错觉。

总之，管理者要让员工学会发现，并专注于那些真正重要且紧急的事，而不是深陷在那些不紧急也不重要的事情中，那只会浪费他们的时间。

7. 拒绝过度的周末娱乐，养精蓄锐更重要

陈彦杰一到周末就会疯狂地打游戏。早上十一点才起床，中午饭也不吃，一起床就打开电脑，一边打游戏一边开着视频窗口。一天下来，只有晚上吃饭时，他才会因为实在饿得受不了，急匆匆地泡一碗泡面。然后继续打游戏，凌晨三四点都不睡。

周末两天，他都是在这样颠倒错乱的状态中度过的。等到再次迎来周一，开始上班的时候，陈彦杰完全没有精神，根本不像一个刚度过周末的人。几乎每个周一，准能看见他趴在桌子上打瞌睡的景象。领导问他周末都干啥了，他总是嘿嘿傻笑。

就连他自己都说："哎，这样可真不好，本以为周末是让我放松的时候，可现在，周一周二反倒成了放松的好时候。等我调整好状态开始上班时，又到周五了。"

最后，因为他总是无法调整状态，业绩又一直上不去，就被辞退了。

实 战 场 景

龚兴武的团队最近也出现了这样的员工,是一个名叫罗云帅的小伙儿,不知道怎么回事,从三周前开始,每逢周一、周二,他就昏昏欲睡,上班总是迟到。起初,龚兴武以为是工作太用功了,导致睡眠不足,还跟他谈心,安慰他不要急,慢慢来,要注重作息安排和劳逸结合。可是两周过去了,对方的状况没有好转,工作结果也不理想。

龚兴武就找他聊天,才知道他特别喜欢骑行,一到周末就去远郊骑行,周日的晚上才回家,导致第二天上班精力和体力都得不到恢复。于是,龚兴武给他讲了这个故事,并建议他骑行尽量选择周日的中午回,给自己一点恢复和调整的时间。

深度分析——周末是养精蓄锐的时间

当下,很多员工都跟陈彦杰一样,一到周末就疯狂地玩乐,或是日夜不停地打游戏,或是酒吧里宿醉不归。两天下来,不但疲乏的身心没有得到丝毫的舒缓,反而让自己更加劳累,不得不通过一周的前两天来恢复元气。如此一来,不但浪费了大好的周末时光,还严重影响了正常的工作时间,更是严重曲解了国家和公司制定休息日的初衷。

之所以会有周末这个概念,就是国家和公司体恤我们在之前的五天里全力工作,会感到身体上的疲惫和精神上的疲劳,让我们有两天放松的时间,得以松缓神经上的紧张、心理上的枯燥乏味以及肉体上的疲惫,好在这两天里休养生息,迎接新的挑战。

换句话说，周末就是让我们养精蓄锐、以待再战的"休整时间"，而不是让我们不顾身体健康、肆意玩乐的"度假期"。也许有人会说，周末是国家法定的休息日，在这个时间里，我想怎么玩儿就怎么玩儿，充分享有自由权。

话是这么说没错，但是，如今有很多员工已经因为周末过于疯狂的缘故，以至于不得不通过周一、周二等正式的上班时间来调整状态，这就影响到了我们正常的工作安排，会给团队管理带来不小的麻烦。因此，放任员工在周末无度狂欢是不可取的。

作为团队的管理者，我们有必要帮助员工学会科学地安排自己的周末，度过一个真正松弛身心、满足爱好、获得成长、自由而有意义的休息日。这对我们的学习和成长有着不可忽视的重要作用。让周末有意义，让我们的精神和身体得到充分的放松。

那么，可以通过哪些方式来度过一个轻松而又愉悦的周末呢？首先，要保证足够的睡眠。人在睡觉时，身体的绝大部分组织都会处于一种放松的状态。也就是说，只要睡眠质量得到保证，那么我们的精神就能得到恢复。

其次，不要痴迷于玩游戏，可以适当地出去走走，或到公园赏赏花，或是跟恋人一起爬爬山、骑行，适当作一点体力运动，然后吃点清淡的营养餐。

最后，我们还可以花一个上午或一个下午，静静地坐在书桌前，优雅地看一本书。可以是陶冶情操的文学作品，也可以是以逗乐为主的笑话集锦。

一个智慧的人，一定懂得张弛有度，劳逸结合。周末就是让我们休养生息的时间，在这段时间里，我们要做的就是全力恢复我们之前耗费的元气，然后以最强的姿态迎接新一周的工作和学习。那些需耗时间的游戏、娱乐，浅尝辄止即可，切不可入迷。

8. 让下属第一次就把事情做好，拒绝返工

有一对父子出门去远行。走到半路的时候，他们发现了一只破烂的马蹄铁，父亲就让儿子捡起来。不料儿子懒得弯腰，假装没听见。父亲也不说什么，就自己弯腰捡起马蹄铁，用它在铁匠那里换了三文钱，并用这点钱买了十几颗樱桃。

出了城，两人继续前进，经过的是茫茫的荒漠。天干地燥，黄沙漫漫，父亲猜到儿子渴得很厉害，就让藏在袖子里的樱桃掉出来一颗，儿子一见就赶忙捡起来吃。父亲就这样边走边丢，儿子也就狼狈地弯了十七八次腰，累得是气喘吁吁，满头大汗。

于是父亲笑着对儿子说："要是你先前弯一次腰，就不会在后来没完没了地弯腰。小事不干，将在更小的事上劳碌。"

实战场景

杨启瑞的手下有一名员工，干什么事都追求快、不麻烦、一下子就能干成。于是在对待工作的时候通常是能过则过，不要浪费时间，更不要浪费不必要的精力。然而，在整个团队中，他的工作效率实际上是最低的，经常被要求返工，反而浪

费了时间。

比如有一次，公司让加入公司三年的员工参加一次考核，进行员工技能评级，通过的人将会得到加薪的待遇，而考核成绩越高的人，加的薪水就越多。考核的方式是，参加的人每人制作一份 PPT，然后在五位考官面前进行演讲，考官再据此进行打分。

本来，这次考核是相对简单的，参试者有足够的时间去查阅资料，向人请教，以及演练自己的演讲。然而，杨启瑞手下的这名员工嫌麻烦，就凭自己的经验一口气做好了 PPT，放在一边不再管了。等到考核那天，他临时看了两遍 PPT，结果得分最低。

但他又不想放弃这次加薪的机会，就找到杨启瑞，问还有没有机会重考一次，借口自己先前生病了，状态不佳。好说歹说，加上杨启瑞的争取，公司决定再给他一次机会，但是考核的难度会提高。于是，接下来这名员工到处查资料，向人请教做 PPT。最后，他花了比之前多十倍的时间和精力，还是没能通过难度提高之后的考核，失望不已。

见他意志消沉，杨启瑞就找到他，跟他讲了"父子旅行"的故事，并说道："你呀，老是这样，做事的时候不肯费功夫，被要求返工之后，又花更大的力气去做。你要是第一次的时候就用你返工后的精力去做事，这次考核你不得第一也是第二。"

深度分析——返工的时间成本最大

当下，有很多员工都是接到一份任务，急急忙忙就上手做，做的过程中也是能快就快，一心想着做完了事。做完之后也不去检查有没有哪里出错，就冒冒失失地宣布完成任务了。结果，等到上级一检查，"咦，这里怎么有个小错误，那里也有点儿不对，不行，完全不行，你怎么做的？拿回去重做。"这个时候，他们才感到难受。

返工，是我们日常工作中，最讨厌的一件事。试想，一份几千字的文件，让你修改三遍还不过关；一份几十页的 PPT 让你一页一页进行修改、重做……这样的工作量，不但比之前第一次做的时候大得多，更会让你心生烦躁和厌恶，并影响接下来的工作。

没人喜欢"返工"，因为那意味着自己做得还不够好，需要从头再来。返工对员工心情的负面影响是巨大的，一方面，它会打击员工的自信心，变得不敢、不愿去做事，削弱他们的工作积极性；另一方面，因为长时间耗费在一件任务上，还会让他们变得急躁，变得急于求成。工作中，有很多新人之所以辞职，其实就是忍受不了"返工"。

既然大家都对"返工"敬而远之，那为什么还有这么多人遭受"返工"的折磨呢？因为他们总是盲目地追求速度，或者不愿多费功夫，忽略了工作中的许多细节。通用电气公司的前任总裁杰克·韦尔奇曾经说："没有什么细节，会因为细小而不值得你去回函，也没有什么大事，大到尽了全力仍办不好。"

工作中，如果我们拒绝花时间去处理细节，不愿去下苦功夫、真功夫，那么细节就会恶狠狠地拉低我们的整体速度。无数实际例子都告诉我们，一件事情，第一次就把它做好，最省时省力，返工只会让我们耗费大量的时间和精力，还得不到好的结果。

作为管理者，我们必须对员工进行这方面的培训，让他们认识到：工作之中无小事，不要盲目求快，也不要怕麻烦。做事的时候怕麻烦，那么后面就会更麻烦。

也不要让员工怀有侥幸心理，更不要破罐子破摔地说："管他的，大不了重做。"虽说职场中谁都会犯错，也有犯错的权利。但是，这不代表我们必须去犯错。况且，犯错的滋味并不好受，也不是所有错误都可以重来。因此，要让员工珍惜每一次机会。

总之，做事就像煮饭，如果第一次不用心，把饭煮成了夹生饭，后面再想煮好它，就得花费大量的时间，而且依旧有生涩的味道。倒不如一开始就认认真真，一次性把饭煮好。这些道理管理者必须向员工传递到位，并全力帮助他们一次性把事情做好。

9. 先做正确的事，才能正确地做事

有一个被广泛传播的故事：有一个人走进一片丛林，开始清除矮灌木。

当这个人经历千辛万苦，好不容易清除完这一片灌木林，直起腰来，准备享受一下完成了一项艰苦工作后的乐趣时，却猛然发现，他要清除的并不是这块丛林，在旁边还有一片丛林，那才是需要他去清除的丛林！

实战场景

赵文芳最近进了一家文化公司，在编辑部做一名小编辑。每天的工作就是写文章，各种励志文、软文或名人故事。总编给她的指示是：暂时先不要想太多，照着发下来的样品文章模仿就行。但赵文芳心想：写作写作，就是要写出自己的东西才叫写作嘛，而且，也只有这样自己才能学到新东西。如果一味模仿，又有什么意义呢，什么也学不到。

于是，她不顾总编的指示，开始"苦心经营"自己的文章。然而，一周过去了，她总共才写了四篇文章不到，距离总编要求"十五篇"的数量，差得太多了，她开始毛躁。总编在知道这件事情后，就找到她，跟她讲了这个故事，并说："你还没弄明白，我为什么让你先模仿写文章。这是无数从业者总结出来的经验，先让你们新人通过模仿，知道各类型文章是怎么写的，等你们在模仿中熟悉文体之后，才会对你们进行专业培训。"

深度分析——先做正确的事，找准着手的方向

古人有个成语叫"南辕北辙"，意思是，一个人本来想去一个南方的城市，但他却往北方驾车走了。当然，以我们今天的眼光来看，地球是个椭圆球，从北方出发最终也能抵达南方，但是这其中需要耗费的时间和精力，却不是一开始就往南走可以比的。

与之类似的还有"缘木求鱼"。一个人想要吃鱼，不去水中找，却到树上去找，可以预见，这个人基本不可能吃到鱼。

这告诉了我们一个什么道理呢？做一件事情，如果从一开始就找错了方向，那么不管你再怎么努力，也只是在错误的道路上越走越远。

然而，现在有很多员工就像南辕北辙、缘木求鱼的人一样，从一开始就做了错误的事情，或选了错误的方向。比如案例中的赵文芳，她偏执地以为，模仿就不能学到新东西，只有完全靠自己写才能有所收获。结果最后面临任务完不成，进而心态急躁，实际上也没有收获什么有用的东西。就是因为她没有明白，总编为何让她从模仿做起。

所以说，很多时候，一个人只有先做正确的事，然后才能正确地做事。所谓"正确地做事"，强调的是效率，是让人更快地朝目标迈进。而"做正确的事"强调的是效能，是为了确保我们的努力不会白费，是在坚定地朝自己的目标迈进。换句话说，效率重视的是做一件事的最好方法，效能则重视时间的最佳利用，这包括做或不做某一件事。

很多员工在做事的时候，通常会遭遇这样的陷阱：

第一，搞不清楚哪些事情才是自己应该做的。比如明明领导让你写一份工作报告，结果你偏偏写了一份职业规划。显然这不是领导想要的结果，你也只是白忙一场。因为你在动手去做之前，就没有好好思考，领导让你做的是什么事，想要一个什么结果。

第二，做一些简单的事，避过那些难度较高的事，以为这样也能完成任务。比如领导让你联系一下最难缠的那个客户，争取约对方面谈。结果你磨蹭半天，选择给其他好相处的客户打电话、发短信进行慰问，再不然，就是畏畏缩缩地给那个客户发条短信了事，不去奋力争取。结果，等到下班领导问你要结果时，你却拿不出来，影响业绩考核。

作为管理者，我们必须告诫员工：不能学那个清除丛林的人，在没有弄清楚自己要清除的对象之前就匆忙下手，这样只会浪费时间、精力，更会拉低团队的效率。

在做事之前，一定要先想一想，自己要做的事情是什么，要做到什么样的程度，取得什么样的结果，在哪个时间点做成，才算是完成了任务。

只有先想清楚了这一切，才不会出现"看错丛林"这样的结果。因此，管理者如果想要提升团队的效率，就务必加大对员工的培训，使他们明白：磨刀不误砍柴工。做事之前，一定要三思而后行，先想好计策和计划，再动手做也不迟。毕竟，只有先做了正确的事，然后才能正确地做事。以此引导员工提高效率，不会在错误的道路上蹉跎时光。

10. 工作做久了，如何对抗职场倦怠

曾有一位哈佛大学的校长来北京大学访问，讲了一段自己的亲身经历：

那一年，他向学校请了三个月的假，然后告诉自己的家人，不要问他去什么地方，他每个星期都会给家里打电话报平安。实际上，他只是厌倦了日复一日的重复工作，想离开他所熟悉的地方罢了，于是他只身一人去了美国南部的农村。

在那里，他做过各种各样的工作，到农场打工，给饭店刷

盘子，和农民们一起在田地里做工，背着老板在角落里抽烟，和工友偷懒聊天。

他在一家餐厅刷盘子时，只干了四个小时，老板就给他付了工资。老板对他说："可怜的老头，你刷盘子太慢了，你被解雇了。"于是，这个"可怜的老头"重新回到了哈佛那个熟悉的工作环境。

但他却觉得以往熟悉的东西都变得新鲜起来，工作成为一种全新的享受。这三个月的经历就像一次恶作剧，新鲜而刺激。重点在于，有了这次经历之后，一切在他眼里就如同儿童眼里的世界，充满了乐趣，他也不自觉地清理了心中积攒多年的"垃圾"。

实战场景

徐松阳进入移动公司已经快四年了，从以前的推销移动电话卡，到现在的推广家庭宽带网络和光纤，四年下来，他有些厌烦自己的工作了。他本来不是个活泼的人，但出于工作的需要，在这四年里，他不得不强迫自己跟各种各样的人打交道，建立关系。

比如有一次，公司推出了一种新的套餐卡，是专门针对大学生的。于是在接连两个月的新生入学季里，他都在大学里泡着，每天和数以百计的学生介绍产品。

他觉得自己一把年纪了，还在干这种没有技术含量的工作，实在是太无聊、太没有前途了，自己也学不到什么东西。想着想着，似乎几年积压下来的负面情绪全都爆发了，他开始无心工作了，内心烦躁，每天一上班就感觉到累，动不动就想生气摔东西。

他的经理王云超看出了他的问题所在，就找到他跟他谈话，说道："你这是工作做久了，对工作有了倦怠感，你要学会自己给自己排毒，排空心中的那些负面干扰。"接着，就跟他讲了这位哈佛校长的故事，然后建议他利用元旦，好好地出去散散心。

深度分析——如何对抗职场倦怠

在婚姻中，有个"七年之痒"的说法。意思是，结婚七年的时候，由于彼此之间已经非常熟悉了，恋爱时的激情也渐渐消退，反倒是生活中的一些不满和不愉快，经过七年的积累和沉淀，达到了一个惊人的程度。于是夫妻间开始拌嘴、吵架甚至闹离婚。

每一对夫妻一旦遇到了"七年之痒"，也就意味着他们的婚姻面临着极大的考验。同样的，在职场中也存在这样一种"七年之痒"，我们叫它"职场倦怠期"。

在日常工作中，那些令人感到不愉快的东西，并不是每个人都能将其忘掉，也不是每次都能将其排出，一个人工作久了，就难免会积压一些"负面"的东西。

当这种积压超出了人的调节范畴，人的心情就会烦躁、浮躁，进而暴躁。事实上，这样的人存在于任何一个团队。不管一个人的职位多高，时间长了，都容易陷入职场倦怠状态。处于这种状态的员工，通常会表现出易怒、疲惫、沮丧、对工作提不起干劲儿等症状。表面看上去，他们就像是突然变了一个人，从好员工变成了"老鼠屎"，不再认真工作，而是满口抱怨，丧失积极性，满脑子都是些辞职、不干了的念头。

作为管理者，一旦团队中有员工出现这样的问题时，我们就应该及时帮助他们排解掉心中的负面情绪和干扰，帮助他们减轻心理压力，以尽早地走出困境。否则，势必影响整个团队的工作氛围。那么，管理者应该如何帮助员工摆脱职场倦怠呢？

第一，稳住员工，帮助他们保持平和的心态。越是处于职场倦怠期，越要保持轻松的心情，不要去想为什么烦躁，因为很有可能会越想越烦躁。可以建议员工去一个自己喜欢的地方，静静地待着，不管是发呆还是自己哭会儿，都会让自己冷静不少。

第二，管理者千万不要一上去就以教训的口吻指责对方，这很可能进一步激化员工心中的不满和愤怒，使对方在冲动之下做出离职的决定。处于职场倦怠期的员工，实质上是处于一种巨大的不安中，对自己的未来、能力乃至人生产生了怀疑和不相信，这时候的他们需要的是抚慰，而不是指责。而作为管理者，我们要做的也不是将员工驱走，而是尽我们最大的能力，使员工从各种不好的状态中走出来，恢复并保持高效的工作状态。

第三，管理者可以有意识地组织一些有助于员工放松身心的训练或活动，比如团队内的体育比赛等。毕竟，现代职场竞争激烈，压力巨大，每个员工都可能出现这种问题，提早预防，及时发现，然后有效应对，这对我们的团队管理有着极重要的意义。

总之，让下属学会排解工作中积压的负面情绪，清理掉脑子里浮现出的很多乱七八糟的想法，不被各种负面情绪侵蚀，有助于帮助他们集中注意力，高效地工作。

11. 学会拒绝外在的干扰

在一家公司的招聘会上，老板亲自出面，担任面试官。应聘开始了，经过正常的笔试之后，紧接着就开始了面试。不过，这次面试和以往的不同，并不是老板问问题，而是给每人发了一张纸，上面有一段话，老板要求面试者不间断地朗读上面的文字。

大家看了看，发现内容不是很难，也不是很长，都松了一口气。面试正式开始了，面试者们开始朗诵了，可就在这个时候，老板忽然放进来六只可爱的小狗。小狗跑到朗读者的脚边，不停地用可爱的头蹭着面试者的裤脚，还仰起头冲他们叫，不断讨好，不断摇尾巴。很快，一个接一个的面试者停了下来，或是安抚小狗，或是把它们抱开。

只有最后一个人，他始终没有忘记自己的面试任务，不管小狗如何叫，怎么摇尾巴，一直都不理不睬，坚持把纸上的那段文字读完，而且没有读错一个字。

老板问他："你没听到小狗的叫声吗？没发现它的存在吗？"

"不，我知道小狗就在我的脚下，但我不能停下，因为您的要求是，不能停顿地读完这段话，所以我要遵守您的要求！"这个人不卑不亢地说道。

"那你无论做什么事，都能如此不受干扰地完成吗？"老板赞许地看着他。

"是的老板，我能做到的。"这人用力点点头。

"好，你被录取了！"老板站起来同他握着手。至于其他几个人，自然是被淘汰了，他们没能抵抗住小狗的诱惑或者干扰，进而没能完成老板交代的任务。

实战场景

杨梓桐的团队里有一位员工，做事极其不专心，容易被外界的各种因素干扰，哪怕一丁点儿的响声，也能让他从工作状态中退出来，一个劲儿地去寻找音源。

有一次，这名员工主动要求周末加班，到周六那一天，杨梓桐突然想起自己有一份即将用到的文件落在办公室了，当她赶到公司时，突然想看看这名员工的工作情况，就悄悄走到玻璃窗边上，透过玻璃看那位员工的工作情况。这一看，发现了问题。

在二十分钟不到的时间里，不是被手机的震动吸引，就是被窗外马路上的喧闹声所吸引。最夸张的是，其间楼上不知道掉下个什么东西，快速从窗外滑了下去，那名员工竟然"腾"地一下就跳起来，趴在窗边朝外打量。

最后，杨梓桐忍无可忍，推开门走进去，果然，对方的注意力再次被吸引。杨梓桐无奈地跟他谈话，说："你的注意力也太容易分散了，我看就是蚊子打一声饱嗝你都能听见，然后跑过去凑热闹。"他也不说话，嘿嘿傻笑。气得杨梓桐哭笑不得，就跟他讲了这个面试的故事，然后说："一个人做事要心无旁骛、专注，不能轻易就被干扰。"

深度分析——如何拒绝外界干扰

对绝大多数员工来说，工作时无法很好地集中注意力，容易被外界因素干扰，是他们最大的问题。比如，明明前一秒还在搜索枯肠，为自己的工作报告构思，下一秒就因为同事从身边走过而分了心；又比如，明明打着电话跟客户聊到关键处，结果电脑屏幕上突然闪过的一个广告页面吸引了他的注意，导致没能听清客户的话，被对方挂断。

不专心，频繁地被外界因素打断自己的工作状态，这是很多员工效率低的原因。因为做事不能专心，导致他们不得不耗费相当的精力去重新集中自己的注意力。就像重新启动的空调一样，它们在启动的那一刻，总是最费电的。人也一样，当我们从集中精力的状态中被迫退出时，想要再一次集中精力，就得花更多的心思。那些总是被外界干扰的员工，就是这样被消耗精力的。所以他们总是自以为很努力、很用心，但却收效甚微。

因此，管理者应该重视这一点，加大对员工的"集中精力"方面的培训，让他们能够尽量收拢自己的注意力，以便在专注工作的时候，不会轻易被分散心力。这样一来，才能保证员工个人和整体团队的效率。那么，具体来说，如何才能拒绝干扰呢？

第一，做自己的事，莫瞎操心。很多员工之所以无法集中注意力，乃是因为他们关注的点过多，明明在做自己的事，但听到同事喊帮忙，会立刻想到提供帮助。并不是说这样做不好，只是，如此一来，他就无法全身心地投入到自己的工作中去。

第二，量力而行，采用"番茄钟"。根据相关研究，每个人能够全身心投入去做一件事的能力是不同的，有的人可以在一个小时里完全不想别的，只想自己正在做的事，而有的人却做不到。因此，我们可以根据自身的极限，为自己设置"番茄钟"，在那个时间里，就全心全意地做事，然后放松几分钟，再接着进行下一轮的"工作周期"。

第三，提高自己的自控能力。有意识地进行自我控制，当自己正在做事的时候，在心里告诉自己，无论听到什么声音、看到什么画面，只要跟正在做的事无关，就不要在意、不要关注，继续自己的事情就好。也许一开始会有些难，但习惯了就好了。

做一件事就只关注这件事情，这样做事情的效率才会高。作为管理者，也需加大监管力度，防止员工"做事的时候分心"。

12. 拒绝拖延症，立刻行动起来

清代文学家彭瑞淑在《为学》中讲到这样一个故事：

从前有两个和尚，一个穷和尚，一个富和尚。有一天，两个和尚碰面了，穷和尚就对富和尚说："我有个大胆的想法。"

富和尚问："什么？"

"我要去南海。"穷和尚自信地答道。

富和尚笑了，说："你靠什么去呢？"说完，打量了几眼穷和尚的装扮。一身破衣服加一根拐杖，手上拿了一个化缘用的碗，除此之外，再没有其他东西了。

穷和尚不以为意，晃了晃手，"我一路化缘，走着去。"

富和尚笑得更厉害了，摇头道："当年我也这么想过，可是南海离这里岂止千里，想要抵达需得准备车马、大船、所用的衣食，要备齐行李和足够的钱。总之，太难了。"

穷和尚听后，摇摇头，还是坚持自己的想法。

就这样，两人分开了。穷和尚就此消失了很久。可到了第二年，富和尚又在街头碰见了穷和尚，见他风尘仆仆，便问他："你这又是去哪儿呢?"

穷和尚答："我刚从南海回来呀，那里实在太美了。"

富和尚大惊，忙问："你是怎么去的?"

穷和尚说："我就靠走路去的啊，一路化缘，有时候遇到顺路的好心人，还会载我一程呢。这一来一去也就花了一年时间。你呀，就是想太多，吓到自己了。"

实战场景

詹海艳是一家外贸公司的业务员，她每天早上 9 点按时上班，却很难在下午 5 点的时候准时下班，因为她总是不能按时完成工作，以致不得不花一个小时加班。

"早上到公司，我要给花儿换水，冲进口奶粉喝，同时吃早饭，顺便打开电脑。"詹海艳说起自己一天的开始，"10 点之前我会先刷微博，跟朋友们联络感情，等到 10 点半以后才能开始工作，就算开始工作了，也会忍不住逛一下网店什么的……"

根据詹海艳自己估计，如果她能集中精力，最多两小时就能完成一天的工作。正因为如此，她才总是想着："反正能在截止时间以前完成工作，拖一下也无所谓的。"结果，一拖就拖到了下班时间，工作没完成，只能加班，工作结果还不怎么好。

长期下来，詹海燕感到无法忍受，但自己又不知道该怎么办，于是找到经理秦凤娇，向她求助。经理秦凤娇就给她讲了穷和尚和富和尚的故事，说："想要改变你的拖延症，你可以尝试着，在拿到一份任务之后，啥也不要想，先动手去做，边做边想办法。"

深度分析——如何克服员工的拖延症

如今，"拖延"已经成为一种普遍的现象，生活中它们的身影比比皆是，职场中也普遍存在。很多员工都有这样的心态："经理布置下来的任务？时间还早呢，等会儿再做也没关系，先放松一会儿。"结果一"等"等到了经理的责问：怎么还没做完呢？

做事拖拖拉拉，老是喜欢往后推迟，有充足时间的时候，不是去厕所溜达一会儿，就是拿杯咖啡到走廊上闲聊一阵儿。等到最后发现，要做的事都集中在一起了，原本以为充足的时间也不够了，怎么办？只能匆匆开始，草草了事。这是很多员工的写照。

这个时候，管理者就应该给予员工警醒、警告，让他们意识到：不管怎么拖来拖去，事情都依旧在那里，不但不会变少，反而会变得更多。放着不做，越是拖延，就越有可能把原本简单的工作"拖"得一团糟，到最后害得自己连休息的时间都没有了。

从心理层面来讲，员工之所以喜欢拖延，喜欢"等一会儿再做"，是因为他们总认为时间还充足，总认为等等再做，可以让自己先轻松一会儿。殊不知，历来都是先苦后甜，倘若是颠倒了顺序，先尝到了"甜头"，那么接下来的很可能就是"苦头"了。

拖延症，对员工自身的危害是巨大的，除了会让他们把所有工作都集中在一块儿，最后草草了事之外，还会让他们产生一种错觉：我每天都忙到最后一刻，这么辛苦，这么努力，为什么结果却不理想。然后，他们就会觉得自己的收获与付出不成正比，进而产生消极负面的思想。对个人而言，阻碍他们的成长；对团队而言，影响团队氛围。

因此，针对这些喜欢拖延的员工，管理者必须强力出击。一般来说，"拖延症患者"大致分三种：不想做、不会做、不能决定怎么做。归根到底，是"没有去做"。

针对"不想做"的员工：管理者可以从监管力度和惩罚力度上着手，一方面提高自己的监管力度，让这些不想做的家伙没有偷懒的机会。另一方面，也可以设立健全的、严格的惩罚机制，针对没有按时完成任务者，或任务完成结果不合格者，进行严惩。

针对"不会做"的员工：及时发现他们的"窘境"，为其提供必要的帮助。同时，在团队中建立一种互帮互助的良好氛围，让这些"不会做"的人可以放心地向他人求助。这样一来，提高了他们做事的能力之后，就能促进他们及时、迅速地完成任务了。

针对"不能决定怎么做"的员工：管理者可以给他们安排一些难度较低、不需要怎么思考的任务，让他们养成一种"先做再想，行动为王"的习惯。说白了，这些人就是有选择困难症，在需要自己做决策的时候，他们会纠结，会不知道如何抉择。因此，面对他们这种情况，"三思而后行"应该暂且放下，首先培养他们雷厉风行的做事风格。

13. 用"二八法则"分配时间

郭亮是团队中效率最高的销售精英，每天下班最早，上班也总是提前几分钟到，中午该吃就吃，该休息就休息。比起其他很多同事忙得废寝忘食，他显得悠闲很多。

很多新人向他请教高效的秘诀，他说："我没有什么秘诀啊，就是把更多的时间花在更重要的事情上，那些不重要的事情，我只用一个小时或几十分钟就搞定了。

"比如我看你们每天到公司，总会到试衣间换衣服，人一多，还得排队。多浪费时间，我就不这样，直接从家里就穿好，如果觉得正装不够生活化，就在外面套一件外套。每次开完会，你们有的人收拾桌子都要半天，我只用几分钟搞定办公桌，今天需要用到的文件等等。总之，一天下来，我花在琐事上的时间不超过一个半小时，其余全用来联系客户、开发业务。实际上，真正花在工作上的时间我比你们都多，自然可以早下班。

"另外，在一天的工作中，我认为只有20%的事是重要的，只要我们做好了这20%的事，工作结果就会很不错。但是，要做好这20%，却可能花掉我们80%的时间。"

实战场景

易晓兰是一名销售新人，由于之前没有接触过相关领域，导致她现在面对着每天诸多的工作任务，有些不知所措。比如，经理给她安排的工作是，每天打两百个电话，开发新的客户，然后在维护几个"潜在客户"。在此基础上，还要熟记公司下发的员工技能培训手册，同时尽快掌握公司产品的各项讯息。

事情太多，每一件事看上去都不是那么容易完成的，易晓兰不得不加班加点，以求完成每一项任务。有时候，为了冲量，她甚至会降低对工作结果的要求。比如，为了尽快打完两百个电话，她故意打那些被标注的，成功率很低的电话，这样一来，有时候对方根本不接电话或一接就挂，这样就能在短时间内拨出大量电话。然而，这样连续了一个月，她的进步很小，经理就找她谈话，易晓兰很委屈，说自己不可能完成这些工作量。

经理就给她讲了这个故事，说："你得先明白，作为新人，开发有用客户和熟悉产品知识才是最重要的，你应该把更多时间花在这上面。这样你的进步才会大，即使工作量没能完成，但你能让公司看到你的进步，这就是胜利，而不是现在这样一事无成。"

深度分析——职场时间管理的"二八法则"

在经济学中有一种"二八定律"，是1978年意大利经济学者帕累托提出的，他认为：社会上20%的人占有80%的社会财富，即：财富在人口中的分配是不平衡的。

这条定律并不局限于经济学，实际上，它可以延伸到生活中的多个领域。比如一个班上只有20%的学生是尖子生，80%的人则是成绩普通的人；社会中20%的人是成功者，80%是普通人；一个人所做的事情中，只有20%是重要的，而80%是无关紧要的。

因此，将这条定律用在我们工作中的时间管理上，也是适用的。很多员工之所以显得忙碌，就是因为他们没有分配好自己的时间，将大量时间花在了一些琐事上，而对重要的那20%的工作关注不够，以致工作结果不理想，被要求返工，从头再来等等。

收拾办公桌、整理文件、与同事闲聊、下午茶时间……这些事情相对工作而言，都是琐碎的小事，作为一名成熟的员工，完全可以将它们压缩在一个极短的时间内。尽可能地将时间腾出来，用到工作中最重要的事情上，只有这样，才能提高工作的效率。

此外，正如郭亮说的那样，在我们一天的工作中，很多时候只有20%的事是重要的，必须去做的。只要做好了它们，也就意味着我们一天的工作可以圆满结束了，但是很多员工没有意识到这一点。为什么会这样？为什么做20%的事却能带来80%的结果？

第一，任何一份工作，都有其核心的关键点，只要能够抓住这一点，那么基本上就能奠定工作基础。比如，易晓兰的工作，作为销售新人，她最核心的就是开发有用客户，掌握产品知识。只要她能做到这些，那么她一天是否能打完 300 个电话就不那么重要了。毕竟，打电话的目的是为了拥有客户，想要有客户就得熟练地掌握产品知识。如果缺少了这两样关键的东西，即使她打再多的电话又有什么用呢？公司看不到她的进步。

第二，任何一份工作，都是有主、次之分的。比如，一份文秘的工作，必然要求有一定的写作功底，知道怎样将公司的大小事务用文字记录下来，并使人能够通过这些文字对公司有一定的了解。而在这个过程中，又势必需要文秘懂得一点电脑知识、数据统计的知识、档案管理的知识、人际沟通的知识以及其他很多知识。这些"一点"的知识就与"写作能力"形成了一对主、次之分，前者次要的，后者是主要的。如果一个文秘过度注重次要能力的开发，却忽视了主要的写作能力，那么，他就不是合格的。

所以，作为管理者，我们必须对员工进行相关方面的培训，让他们懂得抓住工作的主要矛盾，将 80% 的工作时间放到最重要的 20% 的事情上，这样才能高效工作，同时又不会让员工太过忙碌。否则，员工只会在纷乱的琐事中耗费时间和精力，还效率不高。

第七章

激活购买欲，
不卖产品卖故事

1. 创始人的独特个性让品牌更具内涵

格特·博伊尔，是全球第一户外品牌哥伦比亚（Columbia）运动服饰的形象大使，如今已经 90 多岁的她，依然活跃在商场上，将传自父亲的公司一步步发展到今天这般壮大。

但很少有人想到，年轻时候的她，实际上是一个毫无理财经验的主妇，每天要做的就是带孩子、逛商场，等丈夫和父亲回家。直到 47 岁那年，父亲和丈夫相继去世，只留下一个欠债的公司给她，她才意识到，自己必须独自养活 3 个孩子及父亲的公司。

亚利桑那大学社会学系毕业的她对经商毫无经验，经营公司成了她的噩梦，营业额极速下滑，同行甚至欲出 1400 美元收购她的公司。残酷的事实面前，她决心改变，家庭主妇从此走上商界之路。多年后，当被问及是什么让她"开窍"时，答："坚持。"

格特一生获奖无数，曾名列《Working Woman》美国前 50 位杰出女商人，还被《商业周刊》选为全美最佳经理人。但在公众心中，格特更多的还是一位"母亲"的形象。不仅仅是 3 个孩子的母亲，更是最受崇敬的 Columbia 之母。这也是她为自己公司的产品代言的最大原因。她说："公司是我的孩子，最能代表它个性的非我莫属。"

1984 年，花甲之年的格特开始兼任自己公司的产品代言人。由董事会女主席出演广告女一号，在当时可谓全世界独一份儿。广告中是关于一对母子不小心坠崖，相互拯救对方的故事。格特在这里完美地展现了她的性格品质：不屈不挠、勇于接受挑战。结果广告一出，她的形象征服了每一个运动爱好者。

自尊自强，永不放弃，是格特·博伊尔的性格特质，更是她为自己的企业和品牌量身打造并亲自代言的名片。

实战场景

作为公司总监，杨成刚通常要负责招聘面试的最后一关。在公司干了五年，经他面试的人有多少，连他自己都记不清了。通过一次次的面试，他总结出一个规律：当你给应聘者讲述公司创始人的故事，向他们展示公司高层身上的一些美好品质时，应聘者往往会被打动，之后的待遇问题或告知公司严格制度时，应聘者会更好说话。

有一次，他很看好的一个求职者在公司的工作时间和加班制度上与他产生分歧，对方表示不能接受这么严苛的规定。出于爱才之心，杨成刚不愿与这个人才失之交臂，就向他讲了公司老总的一些往事。在听完之后，那名求职者明显动容，说："没想到，贵公司老总那么厉害的人，曾经也这么落魄，他能一路坚持到今天，实在是令人佩服啊。"

见他态度软化，杨成刚适时地说道："正是因为我们老总吃过苦，知道成功不易，所以他才这么严格要求大家。他不希望自己的员工被那些花言巧语所迷惑，这世上哪有什么天降馅饼、轻松成功的方法，还得踏踏实实，努力奋斗，艰苦拼搏才行啊。"

深度分析——创始人的独特个性让品牌更具内涵

每年的大学生毕业季，就是各大公司吸收新鲜血液的良机，在这个时候，不管是大公司还是小企业，都会使出浑身解数打响自己的品牌，为自己赢得人才青睐。

华为自然也不例外，也许在今天，人们会说，华为还需要为人才费心思吗？答案是当然需要。每当这个时候，关于华为创始人任正非的各种创业故事满天飞。

各部门的主管在培训新人的时候，也总会不厌其烦地回顾这位老总当年所经历的风风雨雨，以及他是怎么带领公司一路发展到今天的。面对客户的时候，他们也不吝啬将这些企业内部的故事告知对方。可以说，很多人对任正非的故事已经耳熟能详了。

通过对任正非的创业故事的了解，人们逐渐了解到任正非的一些性格特质，坚持、有狼性、不怕失败、奋斗、努力拼搏，以及对下属关爱……

这些在故事中展现得淋漓尽致的性格特质，让人们对任正非由衷地生出敬佩之心。而这种敬佩之心，又使得华为这个品牌也被赋予了任正非的一些特性，或者说"标签"。人们愿意相信，有任正非的华为，就是一个"硬气""堂堂正正"的品牌。

可见，通过讲述品牌创始人的故事，他的一些美好的性格特质，就会被听众不自觉地与他所缔造的品牌联系起来。在听众眼中，创始人已经将他的精神信念融入他的产品中，自然值得信赖。就好比一个诚实的人制作的烧饼，往往让人吃得更加放心。

2. 诚心诚意撼动人心

空调给人带来冬暖夏凉的美好感受，是人们最喜欢的家电之一。但是，一说到空调维修就不那么美好了。很多公司只负责出售产品，但在售后服务的时候，却显得拖沓。人们常常会抱怨空调维修的师傅效率低下，总是姗姗来迟，要好几个钟头才上门。

美国有这样一家空调公司，在了解到顾客的抱怨后，就提出了"一个小时准时抵达，不守时就不须付钱"的经营理念。起初，人们只当这是一个玩笑，然而，这家公司却以实际行动诠释了自己的理念，人们被震撼到了，纷纷选择这家公司的产品服务。很快，这家公司就成了全美成长最快的连锁加盟企业，拥有了更加完善的操作系统。

实战场景

董亮平自己开了一家超市，生意遍及附近几个小区，很多住户不辞辛苦也要绕过自己小区的超市，到他这里来办会员。新来的员工问他，是怎么做到的。

董亮平就给他讲了这个故事，说："我做生意呀，靠的就是一个理——诚意动人心，靠诚心实意的服务征服客户。你的诚意，顾客是能看得到、也感受得到的。"

原来，早在十几年前，微信、电商、外卖等如今司空见惯的东西都还未出现的时候，他就已经在这里开超市了，并且还提供送货上门，以及老客户回馈的服务。

当时，人们的经济条件还不像今天这么好，很多顾客都喜欢买便宜又实惠的"大件"物品。比如，买米的时候喜欢整袋整袋买，够便宜，一袋能有五六十斤，好多女顾客根本提不动。董亮平就承诺，只要是在他这里买的东西，如果自己搬不动，他可以无偿送货上门。甚至，如果不方便上超市购物，还可以给他打电话，让他送货，风雨不断。

据很多老顾客说，那个时候，他们经常能看到董亮平穿着雨衣或汗衫给顾客背大米、运啤酒。另外，只要是在他这里买的家用电器，一旦坏了，即使厂家不承诺维修，他也会提供优惠的维修服务。他总说，从自己手里卖出的东西，就要负责到底。正是凭借这种"老实巴交"的经营理念，董亮平的超市十几年来不断发展壮大。

如今，送货上门、提供售后服务已成为常态，但附近的老住户们还是愿意选择董亮平的超市。用他们的话说，董亮平这人厚道，靠得住，买他的东西心里不慌。

深度分析——培养员工诚心诚意为客户服务

自古有句老话，叫"千里送鹅毛，礼轻人意重"。意思是，不远千里来送礼，这样的诚心诚意，哪怕你送的只是一片鹅毛，别人也会珍而重之，对你感怀不已。此时此刻，礼物的价值已经不重要了，因为再没有什么东西会比这份情谊更珍贵、更难得。

这个道理，用在企业经营中也是适用的。在为客户提供服务的时候，如果我们能够时刻保持微笑，为客户提供最暖心、最贴心的服务，向客户献上我们最诚恳的态度，那么即使我们的产品质量稍差一点，技术稍欠一点，也一样能赢得客户的青睐。

就像之前的海底捞，它之所以能够迅速红遍全国，并不在于它的味道有多好，店面的装修有多高大上，而是他们的服务让顾客感到舒心。一进门就有人轻声细语问你吃什么，看见你身上大包小包不方便，主动帮你拎包，寂寞了还会为你提供一些表演和乐子。虽然服务员可能不够专业，但那一颗"只愿你好"的心，却会征服绝大多数顾客。

这就是诚意的作用。它能在一定程度上弥补我们产品的不足，拉近我们与客户之间的距离，消除隔阂。这是极为有效的营销方式。但是，有很多员工无法意识到这一点，在他们看来，自己提供了产品，尽到了本分，一切也就够了，于是摆出冷脸迎接顾客，对顾客的问题爱理不理，对顾客的要求敷衍了事。这样的想法是不妥当的，是不对的。

管理者应当对员工进行不定期的培训，培养员工诚心诚意为客户服务的能力。当下是竞争激烈的时代，也是拼技术、拼质量的时代，更是拼服务质量和态度的时代。所谓"顾客是上帝"，其实说的就是一个态度问题，要以对待上帝那样的态度对待客户。

3. 抓住客户购买的痛点

1932 年，美国人乔治·布雷斯代，看到朋友笨拙地用一个廉价打火机点烟，为了掩饰尴尬，朋友耸耸肩，说："它很实用。"这句话触动了乔治，于是发明了一个设计简单，不受气压或低温影响的打火机，并将其定名为 Zippo，意思是"它管用"。

20 世纪 40 年代初，Zippo 成为美国军队的军需品，随着第二次世界大战爆发，美国士兵很快喜欢上了它，一打即着及优秀的防风性能，是它的最大特点。实际上，直到今天，Zippo 的外形也并没有发生什么变化，而是将这一专利发展得近乎完美。它的设计理念是：你可以在任何恶劣的天气下，和你所需要的时候，都能顺利地使用它打火。

此外，它还有一个特点，那就是坚硬的外壳可以抵御任何物质的碰撞。越南战争时，一个士兵被敌人击中，幸亏怀中的 Zippo 打火机挡住子弹才得以保住性命，神奇的是打火机依然可以继续打火。事后，Zippo 公司曾派人找到这位老兵，希望回收这只打火机作为公司的永久纪念，但遭到老兵的拒绝，在老兵眼里，它就是他的救命恩人。

艾森豪威尔也说，Zippo 是他所用过的，唯一能在任何时候都点得着的打火机。更有一位空军飞行员在旧金山海域坠海后，利用 Zippo 打火机发出求救讯号，最终得救。正如乔治·布雷斯代所期望的那样，Zippo 打火机，代表的就是"实用"。

实战场景

楚玉龙是一家自行车行的老板，经营各种档次的自行车，手底下也招了七八名员工。有一次，一位新来的员工正在接待顾客，他无意中路过，听到员工在向顾客介绍一款新出的自行车。那是一款休闲自行车，在欧洲十分流行，用于郊游等场合，主要特征是将公路自行车的高效及稳定性与山地自行车的舒适性相结合，骑行更舒适。

看得出来，员工对这款自行车很熟悉，从厂家到品牌信誉，到当下流行的欧美骑行健身风潮，再到车子本身的造型、格调以及顾客的气场，一通长达十几分钟的介绍下来，愣是把顾客听得眼也不眨。然而奇怪的是，顾客虽然表现得很有兴趣，但就是不提买的事。楚玉龙不解，就暗自站在一旁，希望可以发现问题所在，促成这桩买卖。

很快，他就弄清楚问题出在哪里了。原来，这位客户是一名大学生，平时比较喜欢一些极限运动，最近迷上了山地自行车特技训练，打算买一辆车练练手。那么很明显，虽然员工推荐的那款自行车也算上品，但却不适合用来练特技。员工没能把握到客户的心思，只顾着介绍新品，当然不能打动客户了。于是楚玉龙就给客户换了另一辆山地车。

果然，顾客对楚玉龙介绍的车更有兴趣，几乎没说几句就掏钱了。顾客走后，楚玉龙将新员工叫到一边，给他讲了"Zip-po 打火机"的故事，并说道："向客户介绍产品时，不要盲目推荐，也不要以为自己能说会道，一定要把握住对方的痛点。"

深度分析——如何抓住客户购买的痛点

什么是痛点？痛点是一个机构团体、个人想解决而无法解决的难题，是迫切需要解决的核心关键点，一旦攻克这一点，那么接下来的研究开发也好、工作进程也好，都会变得一马平川，再无阻碍。对消费者而言，痛点就是阻止他购买的最核心点。

就像楚玉龙遇到的那个顾客一样，对方对员工介绍的自行车不可说不感兴趣，否则，他也不会听那么久，但是为何始终不提购买的事？究其原因，就是因为这款自行车没能戳中他需求的痛点。车子本身虽好，却无法百分之百地满足他对山地自行车特技的需求。他心底在犹豫纠结，到底要不要买它，或者看看其他更好的。

所以当楚玉龙换一辆山地自行车介绍时，他立马相中了。因为楚玉龙选的山地自行车刚好满足了他最大的需要，他就不用那么纠结了。这就是直达痛点的好处，抓住客户的购买痛点，可以在一定程度上促使他们坚定购买的决心，促进成交。

工作实践中，有很多新员工不能很好地把握这一点，他们能说会道，对产品的各种参数和指标熟稔于心，却独独看不破客户的真正需求，以至于效率不高。作为管理者，我们要培训和提升员工抓取客户核心需求的能力。那么，具体应该怎么做呢？

第一，培养员工采集和分析客户信息的能力。采用有效的方式和方法，收集到科学有价值的客户信息和反馈。顾客的建议、抱怨、观点等，是分析消费者痛点的第一手资料。有效的反馈机制，对于团队始终把握市场的发展趋势，有着至关重要的作用。另外，一线工作人员的反馈也不可小觑，要让员工始终和生产一线、市场一线相结合。

第二，培养员工独立分析信息、及抓取关键信息的能力。从市场采集回来的客户信息，等于是一座冗杂庞大的数据库，其中有有用信息，也有不那么管用的信息。要培训员工独立抓取关键信息的能力。比如，看见怀孕的妈妈，就要想到对方可能会需要孕妈营养品、婴幼儿营养品、胎教系列的产品，而不是对此茫然不知，胡乱推销房地产。

最后，要培养员工"聆听"的能力。有的员工喜欢"秀"自己的专业知识，拉住客户就滔滔不绝地把自己所知的产品信息、市场信息倾倒出来，却不去听客户怎么说。这样是不行的，即使说再多，也弄不明白客户要的是什么。让员工学会听，让客户主动说话，客户说得越多，透露的信息就越多，有用的信息就越多，就越能把握其痛点。

4. 用 LOGO 符号故事吸引客户的兴趣

20 世纪 70 年代初，西雅图来了三个年轻人，一名英语教师、一名历史教师，还有一名作家。他们想把最好的咖啡带到西雅图，就在当地开了一家咖啡豆店。

考虑到《白鲸记》中的大副斯达巴克很有名，三人就将店名取作星巴克。1982 年，路过星巴克的全球首席执行官霍华德·舒尔茨被咖啡香味吸引，加入三人的团队，担任公司市场部经理，不久又因理念不一致离开星巴克，后来他找到风险投资，以 380 万美元买下星巴克，与自己的每日咖啡合并，自此才开创了星巴克咖啡的商业帝国。

星巴克的 LOGO，起初是一名双尾美人鱼形象，取自希腊神话中的海妖塞壬。塞壬是西方文化中性、爱、欲、诱的象征，就像中国的狐狸精一样，性情复杂。在荷马史诗中《奥德赛》中这样记载：女神告诫奥德修斯，当他们通过欲望之海时，海妖塞壬会发出婉转曼妙的歌声，以引诱路过的航海者，致使航船触礁沉没。

但实际上，有证据显示，星巴克 LOGO 的设计灵感，源自 16 世纪斯堪的那维亚的一幅木刻画。而画上的主人公，其实是梅露莘，而非人们以为的海妖塞壬。

梅露莘是欧洲流传甚广的一名女神，传说中的亚瑟王正是她的儿子，而她的姐姐正是赐予亚瑟王石中剑的精灵湖仙薇薇安。而英格兰金雀花王朝的"狮心王"，也自称是梅露莘的后代。但是不管怎么说，这都是一位有着美丽传说的精灵女神。

星巴克的 LOGO 与这两位美丽的女士相关，无疑给人增添了无限的诱惑和魅力。再加上它从最初的野性暴露，慢慢变得含蓄娴静，更令光临的客户心中震动。

 **实战场景**

王云山是一家公司的客户经理，有一次，他带着一名新来的员工一起去见客户。出于锻炼新员工的目的，在与客户交谈的过程中，他让新员工作主力，自己则从旁协助。但是没过多久，新员工就把天给聊"死"了，一时间，气氛好不尴尬。

新人眼巴巴地看向王云山，希望他能出手。这时，就见王云山不慌不忙，先是给客户倒了杯茶，然后摸出一张名片递了过去，说："先生，这样吧，您不必急着作出决定，我们公司在这方面绝对是一流的，欢迎您对我们进行考察。如果觉得我们没骗您，您再决定是否与我们合作。这是我的名片，您且先收着，有需要随时联系，随叫随到。"

说着，他故意把名片 LOGO 的一面对着客户，客户接过后说道："你们公司的 LOGO 很不错，很漂亮。"一听这话，王云山立刻开始讲起了公司 LOGO 的故事，从当初公司高层为什么要选用这个 LOGO，其中有什么含义，发生了什么故事，一直说了好久。

最后，客户笑着说："看来，你们公司的老板挺有意思的，是个妙人儿。这样吧，过几天我们再找个时间好好聊一聊吧，我对你们公司的印象还是很不错的。"

深度分析——让员工熟知公司 LOGO 背后的故事

每一个知名的企业，它的 LOGO 都不是随便乱用的，其背后都有一段故事，或是与创始人息息相关的经历，或是充满人文气息的标志，或是寄托了创始人对未来的寄语。这些故事的存在，为 LOGO 带来了深厚的文化底蕴和历史意义，使其具有了灵性。

将 LOGO 背后的故事讲给客户听，往往能吸引客户的兴趣，改变他们对公司刻板、片面的印象，加深他们对公司的好感。并且，在讲述的过程中，还能趁机把公司的一些价值观和经营理念告知对方，使客户对公司的了解更加深刻，有益于彼此的合作。

身为公司的一员，团队的一分子，员工有必要对公司的历史进行学习。其中，掌握 LOGO 背后的故事，不但有助于吸引客户，更能让他们自身更加亲近公司。

在现代职场，公司对每一个员工来说，就相当于是第二个家，掌握这些故事，就能让他们与这个"家"融入得更深，对公司而言，这样也有利于整体的运行。

吸引客户，不能只靠产品。有道是"以利动人，只可一时；以情动人，方可一世。情利相合，可叫人生死相许。"通过与公司自身相关的故事吸引客户，比什么营销技巧都好。因此，管理者培训新晋员工的时候，别忘了将这些 LOGO 背后的故事告知。

5. 用当地的文化故事提升品牌亲和力

"茶中之美数龙井"，而说到龙井茶，又以西湖龙井为最。千百年来，文人骚客争相颂赞西湖龙井，绝不只是因为这里的茶好，也因为这里的传说很美妙。

传说在宋代的时候，西湖地界上有一个叫"龙井"的小村，村里住着一个靠卖茶为生的老太太。有一年，茶叶的质量不好，卖不出去，老太太家里几乎断炊。

一天，一个老叟走进老太太的家中，在院子里转了转，要用五两银子买下放地墙旮旯的破石臼。老太太正愁没钱，一听这话，十分爽快地答应了。这老叟也非常高兴，告诉老太太别让其他人动，他一会儿派人来抬。老太太心想，这钱来得太容易，总得把石臼打扫得干干净净，再让人抬走，于是就把石臼上的尘土、腐叶，扫到一旁的茶树下埋好。

过了一会儿，老头还真带着几个膀大腰圆的小伙子来，一看干干净净的石臼，忙问石臼上的杂物哪去了？老太太如实相告，哪知老头懊恼地一跺脚："我买的就是那些垃圾呀。"说完要回钱就走了。老太太眼看着白花花的银子从手边溜走，很不开心。

可没过几天，奇迹发生了：埋那些尘土、腐叶的地方，原本老朽的茶树渐渐抽出新枝嫩芽，竟是"返老还童"了，而且长出的茶叶又细又润，沏出的茶清香怡人。细细一数，这样的茶树一共有十八棵。很快，这个消息就传遍了西子湖畔，许多乡亲都来购买茶籽。就这样，随着时间的推移，龙井茶便在西子湖畔扩散开来，故得名"西湖龙井"。

实战场景

赵秋阳家里是种茶的，并且是自产自销，一年下来能有数百万的收入。近几年，随着人们经济水平的提高，茶叶市场的前景也越来越广阔，赵秋阳趁机扩大了自家茶庄的规模，还招收了一批员工。这些员工大多都是年轻人，都会利用网络推销。

一开始，赵秋阳觉得，这些年轻人还挺能干的，懂得利用科技手段拓宽客户群。但是等到他们正式开始与客户沟通的时候，才发现作为销售员，他们有一个很大的缺点，那就是不会讲故事，只会推送一些千篇一律的"大哥，您需要茶叶吗"的帖子。这些东西只能是初步开发客户，了解客户有没有购买茶叶的需求，不能说服对方真正购买。

比如有一次，一个女孩儿拉到一名客户，她兴高采烈地向对方介绍店里的茶叶，什么龙井、大红袍、信阳毛尖儿……但是客户听得一脸不耐，只是自己看橱窗里的茶叶。最后女孩儿无奈了，不知道该说什么，不得已请赵秋阳出马。赵秋阳见客户看得专心，就没有作声，站在一边观察客户看的是什么茶。待客户看到龙井茶的时候，明显停了下来。

赵秋阳趁机说道："您喜欢龙井？"

客户点头道："是的，它的名气很大，我不太懂茶，但经常听说它。"

"这样啊，那您来对了。龙井是我们这里的特色，别的地方可没有。"赵秋阳笑道，"您可能觉得我是在吹牛，其实，关于龙井，这里面还有一段美丽的传说呢。"

于是，他就把关于十八棵龙井的故事说了出来，并说道："所以说，只有我们这里的才能叫龙井，其他地方的茶，哪怕都是用同一种种子种出来的，那也不能叫龙井。没办法，他们没有这样的传说，就没法儿叫龙井，我们这里才是'龙井'之乡啊。"

客户听后，一脸赞同，说："的确如此。这好茶就像艺术品一样，必须得有自己的故事才行。否则，再怎么好，也缺少那股人文的味道。"说完，就买了一斤茶叶。事后，赵秋阳将女孩儿叫过来，说："不要只想着让客户买茶叶，你得学会讲点儿故事。"

深度分析——用本地的文化故事提升品牌底蕴

古语有云：一方水土养一方人。每一个地方都有自己独特的文化风俗，通过将这些文化故事、地方风俗与企业品牌相结合，往往能提升品牌的文化意义、历史底蕴，以及品牌亲和力。就像大名鼎鼎的"东坡肉"，人们在听到这三个字的时候，总会想起北宋那位豪放不羁的大文豪——苏东坡。吃着东坡肉，人们会觉得自己与苏东坡有了某种交流，感官上的体验是不一样的。因此，即使东坡肉也是猪肉，却没人把它和猪肘子相提并论。

一个品牌，是产品、企业文化，及各种人文特性结合在一起的结晶。它是有灵性的，并不只是冷冰冰的一个标识，也不仅仅代表产品的质量，更多的时候，它是一种符号，一种文化符号，甚至是一个时代的符号。因此，品牌永远离不开文化的点缀。

面对客户，多向他们讲述企业品牌所蕴含的意义，能够让他们更进一步了解企业。而将本地的文化故事融入企业品牌中，则能将本地的人文风情与企业相连，使人们在见到企业品牌的时候，就如同见到了当地的文化风貌，进而生出亲近感和信任感。

所以管理者应该多多培训员工这方面的能力，让他们熟悉掌握本地的风土人情，将这些人文符号与公司联系起来，这样一来，才不会在客户面前显得急功近利。

6. 用产品的故事打动客户

有一个人想买汽车家用，前前后后去了很多家 4S 店，这一天，他又来到了一家 4S 店。

他问导购："我总是在电视上看到很多汽车销售的广告，国产的、进口的、合资的等各种品牌，都说自己的车很牛，你们的车到底有多好？"

导购没有急着给他介绍自己的汽车，而是笑着说："大哥，我听您这么一说，就知道您对汽车比较关注，看上去您也比较专业。我们的车到底咋样，什么驰名商标、中国免检产品等这些我也不多说了，我就跟您讲一件事吧，您先看一下销售单据，这位姓李的顾客应该跟您住同一个小区吧，也许您认识。

"他从来没有买过汽车，于是来了就问我，你们这个牌子咋样？我对他说，大哥，我们的牌子好不好不是我们自己说的，得靠您自己检验。这么说吧，开得人多，不用说肯定是被认可的品牌。然后我就请李大哥搬了把椅子，让他坐在路边数过去的汽车有多少辆是我们这个品牌的。李大哥一边抽烟一边数。结果一根烟的工夫，李大哥就回来了，他说在过往的汽车中，我们的品牌最多，有29辆。于是，李大哥二话没说，当时就订了一辆。"

讲一个故事来暗示客户，胜过讲一整套道理，举一大堆数据。几天后，这个前前后后去了很多家4S店的人，从这家店开走了他的新车。

实战场景

蒋世坤最近辞职，进了一家销售公司推销电动车。为了能快出成绩，他把每一个牌子的电动车的数据都用心记住，在给顾客介绍的时候，总是说得唾沫横飞。

但奇怪的是，绝大多数顾客都只是看、点头，没把他的话听进去，这让他感到挫败。有一次，一位顾客显露出强烈的购买意愿，蒋世坤给他介绍了店里所有牌子的电动车。最后顾客看上了一个杂牌的，但蒋世坤更想对方选择一辆名牌的，提成更多。

可任他怎么说，顾客还是想选杂牌的，理由是这种车便宜，最大速度比那些名牌的更快，马力更猛，还能随便改装，买回去多加几块电池，简直赚翻了。

见顾客态度坚决，蒋世坤准备放弃了。这时，经理高士林走了过来，了解到事情经过之后，就说："先生，您说的有道理，但是我其实并不建议您真的这么做。"

然后，经理就给顾客讲了一个故事。原来，经理也有一辆电动车，还是很出名的一个牌子。有一次，他骑车回家，路过一个岔道口的时候，旁边突然冲出另一辆电动车，吓得他连忙急转闪避。但由于太突然，掌握不住平衡，连人带车摔了出去。当然，对方也一样，狠狠地摔了出去。等到两人爬起来检查事故程度时，发现对方的车都变形了。

说到这里，经理高士林说："其实，当时那个人还受伤了。因为他的车不知道是什么牌子，车壳的材料很薄，变形得厉害，甩出去的时候将他的手臂划伤了。我那时就想，买车还是要买好一点的，虽然钱多一点，但万一有什么事，安全性能也更高。"

听完，顾客思考了一会儿，点头道："你说的有道理，确实是这样，有时候，就那一点点优势可能就能保命，行，听你的。"顾客于是愉快地买了一辆名牌车。事后，经理对蒋世坤说："如果产品的性能、数据都解释清楚了，不妨再讲点产品的故事。"

深度分析——让员工学会用产品的故事打动客户

俗话说，说得再好听，都不如实际行动有说服力。产品的故事，本质上就是产品的一种"实际行动"。让员工学会用产品故事打动客户，是一种有效的、科学的营销方法。每一款经得起市场考验的产品，都有它的故事，只要把这些故事收集起来并说给客户听，不但没有任何诟病，反而可以让客户更了解产品。

事实上，很多员工都混淆了一个概念，将"讲故事"与

"编故事"等同起来，认为向客户讲产品故事，就是在欺骗客户。不是这样的，从科学的角度看，把更多关于产品的事例告诉客户，实则是在汇集大数据，对产品做更深层次的解读。

这就好比医学上的临床病例，医生们大多会记录下来，既给病人看，也给自己看。一方面鼓励病人保持信心，要相信医生的能力；另一方面，也是便于医生研究分析，攻克治疗过程中还存在的一些问题，许多"不治之症"就是通过这样的过程被攻克的。

所以，在日常工作中，管理者要有发动员工有意识地收集关于产品的真实故事，将这些故事编辑整理，然后按照不同的客户对象，采用不同的故事。这样一来，不但能大大提高客户的服务体验，使员工与客户的黏合度更高，也能进一步提升团队效率。

第八章

学习演说家，
把故事讲得富有感染力

1. 好故事都有一个精彩的开头

1940 年 6 月 4 日，丘吉尔在下院通报了敦刻尔克撤退的成功，与此同时，他也提醒"战争不是靠撤退打赢的"。随后，他发表了在二战中最鼓舞人心的一段演说：

"这次战役尽管我们失利，但我们决不投降，决不屈服，我们将战斗到底。我们必须非常慎重，不要把这次援救说成是胜利。战争不是靠撤退赢得的。但是，在这次援救中却蕴藏着胜利，这一点应当注意到。这个胜利是空军获得的……"

通过对战败的残酷事实的肯定，以及对取得战争胜利、决战到底之决心的强调，丘吉尔成功地鼓舞了士气，牢牢地吸引了大家的注意力。这种开头可谓高明。

实战场景

一个好的故事，往往有种魔力，能吸引每一个受众的注意力。故事中的只言片语，就能引发听众强烈的共鸣，而听完故事后，又总会给人带来诸多启发，引发人们的无限遐想。换句话说，领导如果能讲好故事，他想要传达的信息就已经被员工吸收了。

管理者讲好故事，能够吸引员工的注意力，使他们将心思放在自己的讲话内容上，有助于管理者传达信息，及相互沟通。同时，一个会讲故事的管理者，在员工眼中也是幽默风趣、有亲和力的。但是，讲故事并不容易，讲好故事更需要一定方法。

有的管理者讲故事，只会生搬硬套，不能与实际场合贴近，甚至情不对景，与想要说的事南辕北辙，以至于花费了大量的口舌，却无法收获应有的效果。

那么，要如何才能讲好一个故事呢？首先，必须要有一个精彩的开头。只有把故事开头讲好了，才能抓住听众的感官，使他们愿意听下去，而不是挥一挥衣袖走人。但是如何才能讲好故事开头呢？不同身份的人在不同场景下，有不同的方式和方法。

比如，若是在茶馆听评书，那么像《三国演义》的那句"话说天下大势……"正是夺人眼球的经典开场白。若是小说家写书，那么"1991年的冬天，雪来得更早些……"也是不错的开头。但作为管理者，多数时候需要即兴演讲，这种方式并不适合。

管理者想要讲好故事的开头，一定要注意当时的处境。在大会堂面对全公司的员工讲话时，即使致力于幽默，故事的开头也不可过于儿戏；在小团队中面对几个员工时，故事的开头则不必那么浓重，可以轻松一点儿；在还有更高层领导在侧时，故事开头一般就要专业一点了。具体有哪些精彩的"开头"呢？

深度分析——如何讲好故事的开头

第一，砍头挖心。有些故事，开头铺垫很多，如"这个故事发生在……那个时候，我还小……但我记得很清楚，当时……"这样冗长的开头，往往会让听众失去兴致。毕竟，听了半天还不知道故事讲什么，怎么可能吸引观众呢？讲故事最好开门见山。

所谓"砍头"，就是把不必要的干扰信息去掉，只留下故事的主体，让听众一听就明白你要讲什么。比如一位领导说："想起当年创业的时候……"这样的开头就很简单明了，员工一听就知道，"哦，领导要开始炫耀了，来，听听他有什么辉煌历史。"

第二，本末倒置，故布疑阵。有时候，单纯地把故事从头讲到尾还不行，还需要一点儿手段，使剧情反转，给人跌宕起伏之感，这样才能始终吸引听众，使他们对后续充满渴望。而想要做到这一步，"本末倒置，故布疑云"，是故事高手常用的手段。

第三，临时搬家，给故事"就近安排身份"。很多时候，故事的内容离我们太远，哪怕它再经典，听过之后也就感叹一下，并不会给我们带来什么启示。或者说由于离得太遥远，无法真正触动我们。

比如爱迪生、比尔·盖茨、乔布斯等人的故事，绝大多数人都耳熟能详，可又有什么用呢？有多少人因为听了爱迪生的事，励志当科学家？又有多少人听了乔布斯的故事，敢于坚持做自己喜欢的事？很少。这些人取得的成就太大，又离我们太远，哪怕故事都是真的，可在我们心里，他们是陌生的，又怎会让我们发自内心地震撼呢？

但是，如果把这些角色搬搬家，换成大家身边的人，那效果就不同了。想象一下，管理者以团队内部，或是公司里某个取得成功的员工为故事蓝本，那么员工在听了之后会有什么反应呢？他们会觉得，"哦，原来是他呀，他都行，岂不是说我也行咯？"这样一来，他们就会受到刺激和激励，管理者的目的不就达到了吗？

第四，自问自答，避免冷场。作为管理者，讲故事的时候有一个避讳，那就是要注意现场氛围，不要冷场。如果一些故事过于生僻，或是表达方式过于含蓄，员工在听过之后很茫然，不知道它到底想要传递些什么。这个时候，管理者就要出马了。

通过"自问自答"的方式，为员工解惑。如"听完这个故事，你们有什么想法？其实，它主要是想告诉我们……所以……"

同样，一个故事想要讲得精彩动人，关键在于它的开头。因此，管理者学会用精彩的开头讲故事，效率会更高。

2. 遵循真实性的原则，保证情感的真实性

郭起刚是一家公司的销售经理，有一次，一位员工向客户推销产品的时候，为了能快速成交，在回答客户疑问的时候故意漏报了一些产品参数，恰恰这些参数是客户在意的。结果后

来东窗事发，客户一个投诉电话打到公司总部，要求那名员工给说法。

公司花了很大的力气才平息客户的怒火，事后郭起刚找到这名员工，对其说教，其间引用了华盛顿砍樱桃树的典故，说："人谁无过，知错而改之，还是好的。连华盛顿这样的人都犯过错，何谈我们。所以你从今以后要记住这次错误，日后莫再犯了。"

郭起刚的本意是，用华盛顿的例子劝诫员工，要知错能改，更要讲诚信。岂知，员工听后说道："经理，你难道不知道'华盛顿砍樱桃树'这个故事是假的吗？只是一些人杜撰的而已，华盛顿小时候根本见不到樱桃树。行了，我懂，下次会更小心的。"

实战场景

管理者讲故事，一定要注意故事的真实性，不可为了追求"说教"的目的就胡编乱造一些故事。我们始终要分清楚：给员工讲故事，本质上在于借助故事使对方放下抗拒之心，以使彼此更好地交流，交换意见，乃至接受管理者想要传达的信息和指示。

这就要求管理者本身要具备一定的诚意，这种诚意是通过"诚信"以及"诚恳"来体现的，故事则是这两者的载体。倘若故事本身是虚假的，是刻意为了某个具体的目的而编造出来的，那么员工就会觉得：哦，还编故事，你这是把我当三岁小孩儿呢。一旦员工产生这样的想法，管理者的威信就会大打折扣，自然说的话也就没什么公信力了。

因此，管理者讲故事时一定要遵循一个原则：真实，不胡编乱造，最好是自己亲身经历过的，这样才能保证情感的真实性，才能以情动人，以情传达理念。从这个角度看，对于管理者而言，衡量他们所讲的故事好不好，起码要做到以下三个标准：

第一，真实，带来共鸣。这是一个好故事最基本的要求。例如任正非的故事，都是他真实的经历。所以每次讲的时候，或者其他人在转述的时候，总是能通过他联想到自己的一些遭遇。

第二，情感流露。一个好的故事，往往富含深刻的感情因子，能打动听众心中最柔软的那部分。管理者在讲述的时候，也要使自己拥有这种因子，全身心投入进去。否则，再好的故事讲出来，如果是干巴巴的，只能让人"哈哈哈"，那就毫无意义了。

第三，价值与意义。一个故事，只有"真实"和"感情"，还远远谈不上好。许多好故事都会在看似平凡的语言中蕴藏警示，向受众传递价值。

深度分析——让员工明白故事真实性的意义

也许有人会问："那这么说来，那些古代圣贤们的事迹，各种寓言、警世恒言，岂不是无用武之地了？毕竟都这多年过去了，我又没经历过，谁知道是真是假？"

我们许多的管理者，一提起讲故事，就只会把先贤们的各种经典照抄照搬，结果是自己在台上旁征博引，引经据典，而下面的员工却在嘻嘻哈哈，要不就是一个耳朵进，一个耳朵出，把你当猴耍？为何会这样？因为缺乏另一个真实的故事来点缀和补充。

先贤的经典是有道理的，但是经过千年的沉淀，毕竟与我们所处的时代有所脱离。很多员工无法跨越"时代"这道坎，与先贤"感同身受"。这个时候，就需要我们管理者加以补充。比如，我们给员工讲《聊斋志异》中《种梨》的故事，意在告诉员工，不要在小事上斤斤计较。这个时候，光讲"种梨"还不行，最好是跟一个现代的故事。

这样一来，前有经典作引子，后有发生在我们身边的故事作补充，其意义和效果就不一样了。这一点从任正非在员工培训上就能看出来，他总是先讲那些脍炙人口的童话故事或寓言，然后再结合公司内部发生在员工身上的事，使员工犹如醍醐灌顶。

总之，讲故事最重要的是"真"，真人真事，真情真理。如果失去了这份"真"，那么故事就真的只能是故事了，除了让人哈哈一笑，当作饭后的谈资之外，恐怕再无任何用处。作为管理者，我们应当以身作则，以诚信为个人操守，向员工讲述真实故事。

3. 细节，让故事更生动

有一天，亚历山大在一个乡村迷路了，刚好碰到一个抽着烟的男子，就走上去向他打听方向。谁知道，那男子态度傲慢，言语间总是讥讽、看不起亚历山大。

亚历山大就问他是不是军人，那人冷笑着说"你猜"。亚历山大猜了几次，才猜准他是一位少校，少校于是傲慢地点点头。这时，少校突然问亚历山大："你也是军人？"亚历山大没说话，也让军人猜。军人于是开始猜测起来，但他一连猜了五六次都没猜到，最后战战兢兢地问："您是……陛下？"在他惊恐的注视下，亚历山大点点头。

实战场景

这是一个经典的关于亚历山大的故事，身为经理的李家豪就经常以此告诫手下的员工要懂得谦虚。有一次，他在给新员工培训时，又一次讲到这个故事。

很快故事讲完了，李家豪注意到新员工的神色并没有什么变化，仿佛他刚才是在对着空气说话，心底有些不痛快，暗道：自己都这么尽心了，还不好好听讲。

没过几天，区域经理来店里视察，即兴做了一次讲话。巧的是，这位经理也讲到了同一个故事，但让李家豪惊讶的是，这次的效果截然不同。他是这么讲的。

有一天，亚历山大来到一处乡镇留宿，在遛弯儿时迷路了。正烦恼之际，一个军人走了过来，亚历山大立刻走上去问道："朋友，你能告诉我回客栈的路吗？"

军人叼着大烟斗，头一歪，眼一斜，语气傲慢地说道："向右走！"

"谢谢！"

亚历山大一面感谢，一面再次问道："请问此地距客栈还有多远？"

"一英里。"军人不耐烦了，又扫了亚历山大一眼，一脸的不屑。

亚历山大刚走了几步又停住了，回来笑着说："请原谅我的冒昧，我能问阁下一个问题吗？请问你的军衔是什么？"

军人抽了一口烟，吐着烟圈儿说："你猜猜看。"

亚历山大说："中尉？"

军人的嘴唇翘了一下，轻蔑地哼了一声，很是无礼。

"上尉？"

军人大笑："再猜。"

"你是少校？"

"对！"军人高傲地说。

亚历山大敬佩地朝他敬了一个礼。军人转过身来，摆出一副神气的样子，问道："我看你并不像平民，若你不介意的话，请问你是什么军衔？"

亚历山大笑着说："你猜！"

"中尉？"

亚历山大摇了摇头说："再猜。"

"上尉？"

"再猜！"

军人走近亚历山大，说："难道你也是少校吗？"

亚历山大说："再猜！"

军人扔下烟斗，用非常恭敬的语气小声说："你是将军？"

"再猜。"亚历山大说。

"你……你是元帅吗?"军人问。

亚历山大说:"少校,请再猜!"

军人看了看亚历山大,慌忙跪下:"陛下,请恕罪!陛下,请恕罪!是我有眼无珠!"

"朋友,"亚历山大笑着说,"我向你问路,你告诉了我,我应该感谢你才是!"

这位区域经理一边说,一边还随着故事的进展添加一些特殊的语气,比如少校一开始的傲慢,到之后的玩味、严肃、凝重、惊骇,乃至最后的不敢置信和恐慌,又比如亚历山大自始至终的温和。一番故事讲下来,下面的员工听得津津有味,两眼放光。

事后,李家豪找到一位新员工,问他自己和区域经理讲的故事有何不同,新员工毫不犹豫地说:"您讲得太枯燥了,没有激情。那位经理就不同了,细节很丰富,画面感很强,您不知道,我在听的时候,都能想象到那位少校最后的恐慌,太形象了。"

深度分析——细节,是故事的血肉

细节,是一切文章、故事的血肉。离开了细节,哪怕是再美妙的内容、再高深的思想和观点,也会变得平淡无奇,令人觉得枯燥。故事不是叙事,我们之所以讲故事,为的就是赋予一件事或一个道理以趣味性,使其变得可读、易读,有人愿意来读。

学会讲述细节,有助于让故事更动人,让人物能够凸显。

描述他人时，不要只用形容词，因为这很没有个性，而要将它变成个性化的细节，用生活的片段或场景去刻画人物，这样才会更生动立体，更有画面感。有画面感的故事才吸引人。

有的管理者也许会说："费那个事儿干吗，我们讲故事不就是为了让员工明白其中的道理吗，只要把核心思想讲到了，把我们想要传递的信息送到了，不就行了吗，细节描述太多反而干扰了关键信息，实在是浪费时间。"这样说也不是完全没有道理。

但是，有一点需要注意的是：无数实践已经证明，单纯的道理，虽然简洁明了，但过于乏味，很难让员工熟记于心并深刻反思。反倒是情节生动的故事，能够被员工记在心里，且反复琢磨。因此，将故事的趣味性和生动性剥离，无异于重拾过去的老路，既无新意，也无效率。既然选择了通过讲故事来劝诫员工，那么，把故事讲好是必要的。

所以说，管理者在讲故事的时候，切不可为了把自己的意图和观点灌输给员工，就偷工减料，把故事的细节剥离，而是要想办法丰富故事的细节，增强其趣味性和可读性，让员工在听到后能够真正将之熟记于心，如此，其中的道理他们自然就懂了。

4. "有图像、有影像"的立体表达

古林霞是一家公司的销售经理，最近，团队里抱怨的声音越来越多，开始影响正常的工作，为了遏止这股歪风邪气，提

升团队的士气，让大家重新振作起来，古林霞曾多次进行相关培训，希望能大家能化"抱怨"为动力，然而收效甚微，没什么作用。

直到有一次，男朋友突然给她推荐了一部电影《国王的演讲》，看完后古林霞心中大受震动，决定让自己的员工也看一看。于是，她特地找时间以团训的名义，带着大家一起看了这部电影。果然，看到患有严重口吃的艾伯特王子，从恐惧在人前讲话到一步步适应，直至最后进行了激动人心的"二战动员演讲"，下属们的神情也变得激动起来。

电影放映结束，古林霞说："大家可能不知道，这部电影是根据历史上的真实事件改编的，历史上的艾伯特王子，患有严重的口吃。但他后来的表现很令人惊艳。可见努力还是有用的，我们也许没有一个国家可以继承，但我们可以努力呀。"

实战场景

从接收外界信息来说，人的感官系统是多维的，用眼睛看，耳朵听，身体接触，然后再通过后天形成的认知和感知，将这些信息进行加工、整合，再传输给大脑，然后开始思考和感受，最后再由大脑将这些思考的结果或感受的结果传递给身体的各个部位，进而产生我们平时见到的各种情绪反应、生理反应。

接收信息的渠道越多维，我们的感受也就越真实，反映出来的情绪也就越强烈。换句话说，单纯的想象，远远比不上"眼见为实"来得震撼。那么，同样的道理，只有文字记载的故事，或是由人表述出来的故事，比起那些将"图像与声音"结合在一起的"光影"故事，带给人的震撼效果也是有着极大的差距的。这就是为什么如今的电影行业越来越火爆，以及人们对"3D""生物神经交感网络"等技术着迷的原因。

深度分析——更加立体的表达，能让故事更生动

由此可知，随着时代的发展与进步，好故事的标准也必须与时俱进，不断提高。时至今日，我们对"好故事"的定义已经上升到了新高度：必须辅以相应的图像和影像。因为只有这样，故事才具有真实感，听众也才会更深层次地融到故事中去，然后被故事蕴含的核心思想和灵魂所打动。管理者如果学会讲这样的故事，其意义必定更重大。

就像案例中的古林霞一样，单纯通过口头的说教，哪怕语言再风趣，故事再蕴含哲理，员工听过之后，最多也就头几天里有印象，但缺乏完整的记忆，很快就会将其淡忘。但如果是像《国王的演讲》那样的电影记忆，就会在员工脑海里形成系统的、无限趋近于真实世界的印象记忆，在员工反复的回味下，往往能长期记住它。

因此，在现代职场中，管理者在给员工讲故事的时候，应该尝试转换一下形式，力求把纯文字性的故事转化为"有图有真相，有声有感情"的立体化故事。

当然，如果完全以电影的形式来要求，也不现实，一是没那么多"观影"的时间，二是没有足够的成本。那么在工作中，有哪些方法可以讲"立体化故事"呢？

第一，幻灯片形式的PPT。如今，会制作一手精美的PPT，几乎已经是管理者的基本能力了。通过与故事呼应的精美图片来吸引听众的注意力，发散他们的思维，帮助他们深度解析和感悟故事，是非常有效的方法。还可以适当地添加音乐，烘托气氛。

第二，场景式教学。就像小学老师在培养学生的爱国情怀时，通常会带领孩子们去参观一些纪念馆，通过真实场景来激发学生的爱国意识和民族自豪。同样，在管理员工的时候，也可效法此类方式，将员工带到真实的场景中去。比如，搞建筑的就去一趟工地，做销售的就真实地接触一下客户，这样员工就能"感同身受"了。

总之，学会讲故事，还要学会讲"好故事"。灵活运用现代科技工具，把故事讲得立体化，让员工对故事的认识更全面、更有深度，是现代管理者的应有之义。

5. 有"对话"有"外貌"，故事才能鲜活起来

天秀城，大陆南部最繁华的城市。青月山，大陆南部最险峻之山。天秀城外三十里，西去汾河五百丈，青月山高耸入云，奇峰林立。云雾间，时有仙禽出没。

这一日，一名黑衣少年来到了此地。但见他身形修长，肤色苍白，气色略显羸弱，步履间尽显无力，整个人走来，好似弱柳扶风，实在是不适合这嶙峋山路。

但在他手中，却紧紧握着一把刀，黑刀，厚背刀。他握得是那样紧，紧得五指关节发白。他就这么一步一步走着，也不知过去多久，才来到青月山下……

实战场景

王学伟是一名网络写手，在一些著名小说网站发表玄幻小说。经过一年多的熏陶，他也掌握了一些写作的技巧。最让他有感触的是，在他刚开始写的时候，一位读者给他的书评让他意识到，有"对话"有"外貌"，故事才能鲜活。

当时，他正沉迷于武侠小说，心中对"江湖"无限向往，于是就写了一篇传统的武侠小说发到网上，上面的一段正是其开头。几天过去了，点击还是个位数，他百思不得其解。就在这时，一位读者留言："你这开头没有一点生气，实在太无趣了。"

得到读者点评，王学伟再次把自己写的看了一遍，没有看出问题所在，最后，还是他的女友一语道破天机。"你写半天都没人说话啊，小说又不是风景文。"女友的话让王学伟心中一动，当即修改了开头，效果果然不同。这一次，他又是怎么写的呢？

天秀城外，西去三十里的官道上，一名黑衣少年缓步而行，他的目标，正是眼前这座万仞高峰，大陆南部第一险，青月山。少年身法迅疾，很快来到山脚下。

忽然，就在他足尖儿绷紧，欲攀岩登山之际，一道浑厚的声音自山顶传下。

"厚背刀，你是霸刀的什么人？"

少年头不抬，身不动，保持登山之势，答："徒！"

"霸刀之徒？"那声音略微一顿，旋即又道，"这么说，你今日前来，是为了那二十年之约？"伴随着疑问，这声音越来越大，到最后，简直犹如当头棒喝。

黑衣少年蓦然抬头，露出他的脸来。

那是一张英俊的脸，剑眉星目，玉面丹唇，看样子不过二八光景。一身黑衣，更显得他肤色苍白，但配上身后的厚背刀，整个人给人一种与年龄不符的稳重。

而在少年星目所注的方向，一抹白影似流星坠地，以不可思议的速度从山顶射下。顷刻间，人影落地，衣袍飞扬，却是个胡子眉毛三尺长，还兼一身白色长袍的老人，似有古稀之数，又疑更甚。惊人的是，他头颅奇大，肌肤好比婴儿，神似老神仙。

"南山仙翁，不老顽童，青月了。"少年发话了。

"厚背刀传人，黑衣魔童，广寒星？"老人也发话了，虽是在发问，但语气却无比的肯定。当真是奇也，怪也。不过初次见面的两人，缘何竟相互识得对方？

"二十年前，家师与你有约，今日，广寒星人在此，开始吧……"

深度分析——如何让故事更鲜活

案例中，王学伟采用了新写法，小说很快吸引了众多读者。为什么会出现这样的情况？是因为修改之前的开头，景物的铺垫多过了角色的描写，又久久没能进入正题，通篇看不到角色对话，给人一种叙事文的感觉。这就是为什么读者会说"太无趣"。

修改之后，删掉了多余的景物描写，多了人物对话及人物形象的刻画，使得全文的趣味性和悬疑感立刻凸显出来。读者会好奇，这少年是什么人，与这老者有何关系，他们两人将要做什么，比武吗，还是前来寻仇，又或者少年与老人的孙女儿有故事？

显而易见，有了"对话"和"外貌"，一个故事才能鲜活起来。所谓对话，自然是故事中角色的对话。很多时候，故事蕴含的道理，以及它想要告诉世人的东西，就是通过角色的对话来体现的。就像金庸在《射雕英雄传》中对侠的定义，就是借助郭靖之口来说出——"侠之大者为国为民"。所以说，"对话"就是故事的核心，是最核心的部分。

至于"外貌"，可能是角色形象，也可能是故事蕴含的精神的一种"肖像"，它能在听众的脑海里形成具体的形象，以此帮助听众更深入地走进故事所描绘的世界，进而帮助听众深入地解读故事，领会故事的内涵。可以说，"外貌"就是故事的"金装"。

许多管理者在讲故事的时候，有意无意地将故事中的角色对话进行删减，对故事形象一语带过，这样做不仅是削弱了故事的可读性，实际上，也剥离了故事的灵魂，淡化了它想要传达的东西。无数事实证明，"骨瘦如柴"的故事，很难做到发人深省。

因此，讲故事的时候要多注意人物刻画，多一些对话和角色肖像的刻画，这样能使故事更加深入人心。只有这样的故事才能引发员工的思考，达到育人的目的。

6. 没有令人称奇的桥段，你的话都是过眼云烟

曾经有一份真诚的爱情摆在我面前，但是我没有珍惜，等到了失去的时候才后悔莫及，尘世间最痛苦的事莫过于此。

如果上天可以给我一个机会再来一次的话，我会对那个女孩说：我爱你。

如果非要把这份爱上加上一个期限，我希望是……

一万年

实战场景

但凡看过电影《大话西游》的人，无不对这段台词记忆深刻，这是至尊宝带上金箍之前对紫霞的一段深情告白。曾有人说："就算我忘记一切，也忘不掉这段话。"可见这段话在观众心中的地位。也有人评价，仅凭这段话，《大话西游》便可以封神。

有道是"画龙不点睛，一点走雷霆"。意思是，古人相传，有画技高超的大师，画龙从不点睛，因为一旦点上眼睛，就等于是给龙灌注了灵魂和生命力，龙就会飞走。毫不夸张地说，对于一个故事而言，一句能引起听众共鸣的话、一个令人

啧啧称奇的举动、一个令人欲罢不能的套路……但凡能带给人强烈刺激的桥段，就是它的"眼睛"。

收购了"TED演讲"的克里斯·安德森也说，一段演讲，如果没有令人称奇的桥段，就没人能够记住。故事不在长短，说话不在多少，有"金句"即是成功。

再看我们身边，有许多的典故、电影、文学作品，其实关于它们的具体内容，大多数人顶多知道个大概，但就因为它们各自具有令人称奇的桥段，因而得以被世人铭记。比如《西游记》的"大闹天宫""三打白骨精""火焰山"等情节，哪怕大字不识，不看电视的人也能说上一二。再比如，佛祖割肉喂鹰的故事，即便是不信佛的人也知道。

但也有很多作品，虽然内容丰富，规模浩大，但因为没有能够引发观众好奇心、令人惊叹的桥段，最终淹没在时代的浪潮下，被人遗忘。

就像一个小说作家，如果构思的情节平铺直叙，平淡如水，那么想要读者反复拜读，那是想也不要想的。因此，管理者想要讲好故事，想要让员工把自己的讲话熟记于心，就必须在故事的桥段上下足功夫。如何才能使故事具有令人称其的能力呢？

深度分析——如何让故事具有令人称奇的桥段

首先，借助才艺展示，让听众记住你。比如在TED演讲历史上，瑞典著名的统计学家汉斯·罗斯林，就曾经在一次演讲上展示了自己惊人的技艺，在演讲结束时吞剑。还有澳大利亚首席歌手梅根·华盛顿，在演讲的最后阶段进行了 TED 演唱。这些"语出惊人"的桥段能最大限度地调动听众的积极性，使其参与进来，进而记住这次讲话。

其次，你也可以"不走寻常路"，借助道具的力量，制造悬念和恐怖效果。

比尔·盖茨曾经参加过在美国加利福尼亚州举行的 TED 大会，当时，他演讲的主题是关于致命的疾病——"疟疾"。事后，所有观众都表示，他这次演讲令人印象深刻。

疟疾是经蚊虫传播，由疟原虫引起的一种寄生虫病。截至目前，全球大约有 40% 的人口受疟疾威胁，每年有 3.5 亿—5 亿人感染疟疾，上百万人因此失去了生命。

仅从数据上就可以看出，这是一种极度危险的疾病。然而，比尔·盖茨在讲到这里时却做出了惊人的举动：只见他边说边打开一个装有蚊子的罐子，现场释放了一群蚊子，将在场的观众吓了一跳。一位听众说："听完这次演讲出去，我可能会丧命。"

演讲也可以偶尔来点恐怖的，起到足够的震撼效果，可以令听众对演讲的主题印象深刻、久久难忘。演讲者在传递演讲主题时，设计令人称奇的桥段，可以将演讲氛围推到高潮，而这种制造恐怖氛围也是设计称奇桥段的一个重要手法。这种手法可以调动人们的情绪，让演讲者的传达更容易被人记住，更具有感染力。当然了，这需要把握好分寸。

其实，也不一定是恐怖效果，通过事前备好道具，制造一些悬念场景，一样能达到调动听众情绪的效果。在这一点上，魔术大师们无疑非常成功，先是通过"煞有介事""故弄玄虚"的动作，将观众的注意力拉扯过去，然后再配上诡谲的音乐烘托气氛。

从这一点来看，要讲好一个故事，需要涉及的领域其实是综合的，不仅要有足够深度的故事内容，还要有良好的台风、充足的事前准备，甚至足够亮眼的舞台搭置，再加上在讲的过程中，制造一点"小恐怖""大惊喜""小意外"……

总而言之，讲好故事不容易，管理者需多花工夫。准备好一两个经典的桥段，很多时候能弥补故事内容的不足，同时给听众带来强烈的震撼，使其对这次讲话记忆深刻。这样一来，管理者就不用频繁地重复相同的话，做到一定程度的"一劳永逸"。

7. 故事中及时与听众进行互动

有一次，总监唐尼到一个门店给员工做培训，整个培训进行了两个小时，一直是唐尼一个人在说话。刚开始的时候，大家还像模像样地拿起笔记本画两笔，到最后，甚至连一些经理都开始出现走神的现象，一些员工更是公然打瞌睡，培训毫无效果。

实战场景

管理者讲话，不管是进行鼓舞士气的普通讲话，还是进行专业的业务知识培训，又或者批评教训，最终目的都是要让员工把自己的话听进去，这样才有效。如果只顾自己讲，完全不考虑员工的感受，员工没有参与感，那这场讲话不过是场独角戏罢了。尤其是涉及专业性的业务讲座，由于内容深奥，更需要管理者及时互动。

实际上，不管任何时候，管理者讲话都相当于是一次演讲。而对于一场演讲来说，如果你讲得不够生动，没有能够吸引听众兴趣的"亮点"，那么听众四处张望、打瞌睡、干自己的事情等现象几乎是必然的。想要避免这种尴尬，就必须与听众互动。对于听众来说，他们更愿意参与到演讲的互动中去，这就是为什么辩论永远很激烈。

深度分析——管理者要与下属即时互动

当下，"网络直播"红遍大江南北，催生了无数草根明星。我们可以发现，那些广受欢迎、人气高的网红都有一个共同点，那就是特别擅长及时地与观众进行互动。互动，是演讲者、主持人必备的一种能力。

通常来讲，管理者在讲话的时候，员工多是处于"听"的一方，是信息的接受者。这样一来，管理者和员工就被区分为两个团体：一个是说话方，一个是听话方。在这种情况下，管理者如果不与员工互动，只顾着自己说，就很容易形成这样的局面：管理者在那里说得唾沫横飞，但是员工心里想的是什么，是否听进去，他全然不知。

互动的作用就是，将说话的人与听话的人联系起来，或是通过"你问我答"的形式，或是大家一起玩游戏，总之，就是要把彼此连成一体，使得大家都有一种参与感，这样说话的人才能及时知道听话者的反应，迅速调整自己的讲话策略。

通过与听众进行互动，牢牢抓住听众的心，让讲话出奇制胜。这种制造意料之外的惊喜演讲，不但体现了讲话者打破常规、标新立异的独特思维模式，也是取得听众注意、获得听众认可的最佳方式。那么，如何才能制造一场意料之外的惊喜讲话呢？

首先，讲话者要做好互动前的准备，做好控场工作。讲话的人在利用互动激发听众情绪的同时，也在制造风险甚至危险。互动如果没有一定秩序，很容易出现混乱。如听众情绪激动之下做出失礼的事，甚至伤害他人的行为，这都是讲话者应注意的。

因此，在互动环节进行之前，讲话者一定要先和听众讲述一下互动的具体要求和注意事项。在互动进行中，演讲者要引导听众按照自己的思路走。互动结束后，演讲者要和听众一起回忆总结演讲的内容，从而加深听众对演讲内容的理解和记忆。从细节方面来说，演讲者可以通过眼神、声音、肢体语言和与听众之间的对话交流，实现控场。

其次，在互动中，讲话者要循循善诱，赞扬加提问相结合。心理学研究表明，人类在精神需求方面，认可和赞扬属于重要的基础需求，无论性格外向还是内向，人们在听到赞美的话后内心会很愉悦，会产生交流的冲动。因此，讲话者在提问时，可以采取"小问 + 大问"串联的方式，先诱导听众回答简单问题，再给予鼓励，再诱导其回答相对较难、较深层次的问题，激发听众的积极性，同时吸引听众注意力，提高讲话质量。

最后，互动过程中，不要轻易打断听众说话。在与听众互动过程中，沉默寡言的听众一旦说话，就不要轻易打断，如果听众语言表达能力欠缺，讲话者希望快点结束问答，可以运用肢体语言进行鼓励和认可，如赞许式点头、赞扬式微笑、注视对方的眼睛、展示认真有兴趣的表情等。当听众表达结束，讲话者要给予正面反馈，以鼓舞其他听众。

实践工作中，管理者就是"讲话者"、演讲者，每天都面临着演讲。所以，管理者一定要学会利用"互动"的力量，来提高自己讲话的能力及员工的积极性。

8. "故"事新说，永葆活力

有一把锁被锁住了，主人先拿来一把金钥匙，捣鼓了半天没把锁打开。然后，主人又拿了一把铁钥匙，一下子就开了锁。铁钥匙就问金钥匙："你知道你为什么打不开锁吗？因为你不是它的原配，不懂它的心。"这个故事是想告诉我们，外表再好看也无法决定内在，内在不配，金的也不管用。

实战场景

有一天，新来的经理给大家培训关于"创新"的课题，在开讲之前，他举了一个例子来说明"创新就是与时俱进，在既有知识的基础上，不断赋予时代意义"。

他问大家："你们听过金钥匙和铁钥匙的故事吗？"下面的人回答说："知道。"经理就说："那你们谁来讲讲？"于是有一个人站起来，几句就将故事讲完了。

听完，这位经理点了点头，说："嗯，看来，你确实对这个故事很熟悉嘛。不过，我却知道这个故事的另一个版本哦，跟你的解读完全不一样，要听一下吗？"

那人点点头，经理于是开始讲起了他的"新"版本。前面的大部分都和之前那位员工讲的一样，不过，在最后一段时，却有了不同的结尾。

"铁钥匙对金钥匙说：'你知道你为什么打不开锁吗？因为你不是它的原配，不懂它的心。'谁知道，金钥匙听后，冷笑：'我就随便开着玩呢，干吗要懂它。'"

说到这里，经理意味深长地说道："你看，金钥匙比铁钥匙金贵，所以主人下意识地认为金钥匙能开锁，这说明什么？说明如果自己本身是金子，得到的机会就会比别人多。再来看金钥匙的话，'开着玩呢'，这又说明了什么，说明金子有选择权啊。"

听完经理的解读，员工若有所思。经理又说："什么是创新？这不就是了吗。给旧的东西赋予新的意义，或者从另一个角度去发现它以前没有呈现的一面，进而得到新的收获，这就是创新。不管是科技上的创新，还是思想上的进步，都是这么来的。"

深度分析——老故事，要新讲才能迸发活力

当今时代，是一个信息大爆炸的时代。以前的许多故事，今人早已听过千百遍，不说倒背如流，却也耳熟能详。有道是，"山珍海味天天吃，哪怕再美味也会腻"。因此，作为现代职场的管理者，我们不但要会讲故事，还要懂得把"故"事讲出新意。

一个故事，如果一直从同一个角度去看待，只会让人感觉单调乏味，老生常谈。若是一而再再而三地以此为例，那么不但无法发挥它应有的作用，还会让听众反感。最明显的例子就是父母在教育孩子的时候，总会举"凿壁偷光""悬梁刺股"之类的例子，孩子听得多了就厌烦了，干脆把父母的话当耳边风，甚至故意与父母的本意背道而行。

但是若能够换个角度来说，也许事情就会变得多姿多彩。就像故事中的经理，通过大家都知道的"金钥匙与铁钥匙"的故事，作出全新的解读，不但令员工耳目一新，更能使他们牢牢记住新解读出来的道理，达到经理想要的效果。可以预见，以后员工只要一想起"钥匙"这两个字，就会自然想起经理的解读，进而想到他那番关于创新的理论。

可见，尤其是那些老生常谈的故事，若是站在今人的角度，作出与当下契合的时代新解读，这个故事往往能爆发出全新的活力，其新解之理也更令人印象深刻。

比如龟兔赛跑的故事告诉我们：永远不要以己之短比别人之长，更不要因为一时的侥幸成功，就把自己的"短"当成

"长"。如果是乌龟，可以跟兔子比潜水，也可以跟兔子比长寿，这才是乌龟的强项。如果狂妄地继续跟兔子比赛跑，只会自取其辱。

又比如，螳臂当车的故事在今天看来，完全可以解读为："即便粉身碎骨，也要为改变现状做一些看似无效的努力。也许，当轮前的螳臂多了，车会慢下来或者停下来。如果人人都量力做事，那许多在我们看来不可能取得的成就，就不会被人攻克了。"

再比如，井底之蛙，可以解读为："什么样的环境造就什么样的人生，反过来也同样，什么样的人生就适合什么样的环境。别指责青蛙的短浅愚昧，因为青蛙绝不可能从井底迁到东海生存。如果青蛙受了教育启发，从此志在东海，那就只能是徒增烦恼了。"

这就是对老故事的新解读，它能给故事带来全新的理解，同时增强其趣味性、可读性以及吸引听众的能力。管理者在给员工讲故事的时候，不妨多运用此方法。

9. 避开讲故事路上的那些坑

赵玲梅是一家公司的培训老师，有一次，公司新招聘了几十个新人，按公司规定，在正式上班前，他们都需要进行十天的岗前培训，赵玲梅担任他们的"班主任"。上课期间，为了向新人灌输公司艰苦奋斗的企业理念，赵玲梅就跟大家讲了一个故事。

"你们知道吗，别看我们公司现在发展得这么好，在成立初期，也是走过了许多的坎才活下来的。当年，公司遇到难关，大家都自发地每天加班，努力工作，希望帮公司渡过难关。其中，有一位已经怀孕的女员工，为了专心工作，甚至打掉了孩子。"

本来，赵玲梅的本意是希望用这种"万众一心，众志成城，全公司为了一个目标而不懈努力"的精神打动新人，提升他们对公司的归属感和荣誉感。哪知道，听了这个故事，一些女孩儿当场就问道："哎呀，这样做好不人道啊，可怜的孩子，怎么能提倡这种为了工作把孩子打掉的精神呢？"一些男生也说："对女人都这么狠，男人岂不是更遭罪。"于是当天培训结束后，就有几人直接离开了公司，赵玲梅的培训工作也彻底失败了。

实战场景

俗话说，表错情是有情人最大的悲剧。管理者讲故事也一样，最怕讲错了故事，自己给自己挖坑。工作实践中，一部分管理者不明白这一点，以为是个故事就能讲，结果话说出口之后，不但没能得到想要的结果，反而使听众心里不爽，可谓弄巧成拙。

作为管理者，我们讲故事需要面对的对象是多人，不是朋友之间的闲扯，也不是家人之间的话家常，必须考虑到听众里面，是否有人对我们的故事感到不满，或对故事当中的某些言辞不满。只有及时发现并避开这些问题，我们讲的故事才是好故事。

上述案例中，赵玲梅的故事虽说那个女员工的这种拼命精神，的确很令人震撼，但是并不可取，也不值得提倡，甚至，在新时代的职场里，这种违反人性道德的精神，更是被新一代员工所摒弃。作为公司的培训老师，赵玲梅讲这个故事，很容易被新人理解为这是在向他们灌输一个理念：入职以后，你们也要这样要求自己。出于对该理念的不认同，新人提出辞职也就是理所当然的事情了，赵玲梅这是在自找麻烦。

深度分析——管理者如何避开故事中的那些坑

如果把一个团队比作一支队伍，管理者就是这支队伍的"将军"。行军打仗，将军的一言一行，甚至一个皱眉，都有可能影响军心，更遑论包含有重要信息、价值观以及管理者本人想法观点的"故事"了。所谓"说话做事，要三思而后行"，这个道理也适用于管理者讲故事。管理者一定要注意，讲故事前，先避开那些潜在的、可能的坑。

不过，每个人有不同的想法、不同的禁忌，哪些故事可能会让人不爽、哪些词汇可能令人感到厌恶，没有精确而统一的标准，管理者要如何找出这些"坑"呢？通过无数实践的归纳，大致总结出了以下几个方面，是管理者在讲故事时需要特别注意的。

第一，管理者不能只站在自己的角度讲故事，而不管听众是否能会意。

第二，不要总想搞个大新闻，说一些"骇人听闻"的东西。就像赵玲梅为了突出公司所倡导的奋斗精神，讲了"孕妇员工"的故事，虽然故事本身很震撼，但它所隐含的东西太令人反感，以至于听众在听到后会起逆反心理。有些故事，即使它是真实的，但由于其核心价值观过于另类，为主流价值观所不容，管理者也不要对员工讲这种故事。

第三，不要讲哪壶不提开哪壶的故事。现在一些管理者在激励员工的时候，总会讲一些"年少多金"的案例。殊不知，大多数90后的员工本就疲于为了生存而奔波，最害怕自己比不过同龄人，管理者老用这种近乎不太现实的故事激励他们，只会让他们心生厌恶和不快，同时使他们感到焦虑进而"破罐子破摔"，这样的故事不可取。

第四，涉及民俗故事时，一定要注意讲述的方式，以及听众的人员构成。

总之，说出去的话，就像泼出去的水，一出口就难以收回。管理者在讲故事的时候，一定要小心又小心，不要说一些打自己脸或者有损自己形象的故事。

TO BE A
STORYTELLING
MANAGER

做·会·讲·故·事·的·管·理·者

第九章

建立个人故事索引，
提高管理者的影响力

1. 童年的经历最能打动人

在公司里，陈文刚是最有亲和力的经理，他的平易近人，使得很多员工都愿意在他手下做事，部门之间共事时，其他经理也总是首先想到他。在同事眼中，他就是个重情重义的好人。之所以会有这样的想法，很大一部分原因在于他常讲的一个故事。

陈文刚刚当上经理那会儿，总经理让他在晋升大会上做升职演讲，发表一下自己的感受和对未来工作的计划。当时，他就向大家讲了自己童年时的一件趣事。

"大家可能不知道，小时候我家里穷啊，穷到只有在过年的时候，靠给别人家杀过年的猪才能吃到一点肉。我记得有一回，父亲和母亲去给一户人家杀猪，那家人里有一位新来的儿媳妇，听说是信什么教的，不吃猪下水，不吃猪血。于是父亲就向对方讨要了这些东西，拿回家后把猪大肠用土豆炖了，把猪血做成豆腐一样的东西，给我做汤。那种滋味，我到现在都记得，当时父亲就喝了一碗汤，其他的都给我和母亲吃了，好香啊。"

说到这里，陈文刚还哽咽了几下，下面的听众有的甚至哭了起来。自那之后，公司里所有人都觉得他就是孝子，是个懂得感恩的人，跟他一起共事，靠谱儿。

265

一个人的童年经历，往往是最能打动人的。管理者在讲故事的时候，如果能多讲讲自己童年的事，往往能够迅速建立起自己的正面形象，拉近与员工的距离。比如，管理者如果讲自己小的时候有多调皮、多贪玩，这样就会给员工一个暗示：看，当年我也是个不爱学习的主儿，但是凭借一番努力奋斗，今天不也一样当上经理了吗。这种暗示带给员工的不只是激励，还是一种亲近感，会让员工觉得，经理和自己是一类人。

再比如，管理者向员工展示自己童年的时候，是多么的充满童趣，有爱心、有孝心，友善待人，会让员工觉得你这个人还不错，小时候这么可爱，现在也一定是个不错的人，进而对你生出亲近感，愿意与你相处。可以说，管理者向员工讲述自己童年的故事，不但能打消彼此之间因为层级不同而生出的隔阂，还能使管理者自己变得更亲民。

深度分析——管理者讲述童年经历的必要性

为什么人们会有这样的心理：一个人童年的时候可爱，有孝心，懂得感恩，那么他长大之后应该也坏不到哪儿去？为什么很多人在知道一个人的童年之后，会改变他对这个人的看法和印象？即使从现代心理学的角度来说，一个人的童年对他的影响也是巨大的，甚至可以影响其一生。

现代心理学家说过，人的性格形成一半来自先天的遗传基因，一半来自后天的环境。后天的可塑性对人的性格的形成非常重要，尤其是幼儿时期的生长环境。小时候父母的引导和家庭教育，以及孩子所能接触到的人和事，会影响孩子三观的形成。所以，有生活经验的人习惯于从一个人的童年去推断他将要成为怎样的一个人，也会根据他是怎样的一个人去推断他的家庭环境。

因此，在管理中管理者如果想要树立自己的正面形象，使自己更容易被员工接受，那就不妨多讲讲自己童年的故事，可以是调皮可爱的，也可以是听话懂事的。甚至管理者想为自己塑造哪方面的形象，就可以刻意地讲述那方面的经历，以此打动员工。那么，具体来说，管理者在讲述自己童年故事的时候，有哪些地方是需要注意的呢？

第一，尽量多讲关于"真善美""母慈子孝"方面的事。这一点是没有争议的，人世间最动人的感情就是爱情、亲情，而这其中又以父母与子女之情最为打动人心。管理者多向员工讲述关于这方面的故事，其实也是在无形中培养他们的感恩之心。毕竟，一个有孝心的人，一定是懂得感恩的人，而一个懂得感恩的人，通常都是忠诚的。

第二，不要讲那些显得高人一等的东西。比如，一名经理从小就家境殷实，他向员工讲述自己的童年时，总是会说"你们可能没见过""你们可能没玩儿过""你们可能不知道，当时我爸爸……"这样的话，往往会将自己与群众隔离开来，这是最低效的讲故事的方式，甚至一个不小心还会取得适得其反的效果，让自己与员工的隔阂更加深。

一句话，管理者要讲故事，就多讲童年经历。一是童年的经历更有趣味性，也是对自己更深入的解剖，更能赢得员工的信任和亲近；二是由于是童年经历，管理者在讲述时完全可以光明正大地添"作料"，这是实现管理者演讲初衷的最好载体。

2. 上学时的经历最能引发共鸣

王磊是新来的经理，第一天开会，他不得不面对最令人头疼的店面卫生管理工作。他一改其他经理给大家制定严格的规章制度，而是先给大家讲了个故事："我大学那会儿，谈了一个对象，长得那个漂亮啊，是当时系里好多人的女神。可我们只谈了三个月就掰了，可惜。哎，怪只怪那天早晨，她给我送饭到寝室，看到我的房间乱成一团，像个狗窝，当时就捏着鼻子跑了。"

说完，下面一堆人大笑起来，有的问"是不是哦，您吹的吧"，又有人说"我作证，王经理没吹牛，因为我的前任女朋友也是受不了我的邋遢，才跟人跑的，我和经理同是天涯沦落人呐"……一时间，整个店里充满了欢声笑语。之后，王磊又开始讲店里的卫生，经过先前那么一闹，大家普遍没有抵抗情绪，都能认真听王磊讲。

实战场景

现在有很多管理者在讲话的时候，总会来上一句"我大学那会儿""我高中那会儿"，每当他们这么说的时候，下面的气氛都会跟着活跃起来。员工尤其是新一代的员工，很喜欢听领导讲自己当年在学校的经历，这会勾起他们的回忆，引起他们的共鸣。

比如现下正在崛起的 90 后一代，他们当中超过一半的人都是念过大学的，超过九成的人是刚刚离开学校没多久的，对校园生活还有着相当的熟悉和好感。因此，当管理者讲述自己当年在学校中的那点儿事的时候，很容易就能使他们也会想起自己的校园生活，进而把自己与管理者进行比较。结果发现，原来大家都差不多，在学校的时候都是拼命地学习，课后去打打篮球，或看看操场上的美女同学，放学后集体朝网吧、寝室狂奔。

这种相似感，会让员工从心底把管理者当成和自己差不多的人。一来，这样有助于激励员工朝管理者看齐，无形中为公司培养管理层的精英人才；二来，也会让员工消除对管理者的抗拒心，促进上下级友好畅通的交流，这对管理者的管理是很有利的。

深度分析——管理者多讲讲自己高中、大学的经历

从心理学的角度来讲，人们总是在具有共同话题的领域里，更能相处融洽。而在一个团队中，管理者与员工的关系，就像是自然界的捕食者与被捕食者一样，后者天生对前者存在一定的恐惧心理和抗拒心理。所以在日常管理中，要想实现上下级之间的畅通交流，往往显得很困难。管理者无法明白员工在想什么，员工也觉得管理者不近人情。

这个时候，如果管理者能向员工多讲讲自己高中，最好是大学的经历，往往会有意想不到的收获。因为校园生活是绝大多数人都有的经历，以这方面为话题，本就足以引发员工的共鸣，而以大学的经历为探讨对象，也能迅速勾起员工的回忆。

毕竟，对多数人而言，最精彩、最无忧无虑的生活，还是在大学的那段日子，那段拥有更多的记忆。

管理者通过讲述自己的大学经历，能迅速打开员工的心门，使他们不再排斥自己，进而接受自己。同时，由于这段时间紧挨着后面步入社会的人生阶段，管理者正好可以借助讲述自己的经历，进一步将自己想要传达的一些思想、观点，比如踏踏实实从基层做起、年轻就要拼搏等理念，传达给员工。这样一来，有自己做例子，也更有说服力。

另外，管理者在讲述自己的经历时也要注意，对于员工来说，他们需要的是能够引起共鸣的东西。因此，管理者在讲述的时候，一定要注意以下几个方面。

第一，不要讲太脱离群众的经历。比如，"我大学的时候，曾有幸到联合国实习过一两个月，那里真好"；又比如，"我高中的时候，曾参加世界奥数大赛，获得了……"这些经历很辉煌，但对多数人而言，并不能让他们提起兴致。

第二，多讲一点"俗气"的、"司空见惯"的东西。比如大学的时候，大家都忙着找对象谈恋爱，又或者我在寝室打游戏……这些经历很普通，但胜在经历过的人足够多，容易引发共鸣。从管理者的口中讲出来，更是多了一分趣味和亲近。

3. 父母和兄弟姐妹的故事最暖人心

赵兴武家自他爷爷的爷爷算起，就是农民家庭。他父亲小时候，家里一共有七八个兄弟姐妹。那时候，大家都相信人多力量大，兄弟姐妹够多，一个家庭才能好，所以大家都是铆足了劲儿生孩子。可惜，那时候粮食不够吃，孩子一多，就总有人要饿肚子。当时，他的父亲是家中的老幺，所以每次吃饭的时候总是抢不到吃的。

父亲的二姐，也就是赵兴武的二姑，是一个聪明的女孩子，曾上过几年学，平日里最关照几个小弟小妹，每当赵兴武的父亲抢不到吃的时，她总会贡献出自己的饭菜。所以赵兴武的父亲从小就跟她亲，在她的带领下，赵兴武的父亲明白了很多道理。

赵兴武的父亲长大后，想着出门闯荡学做生意，家里人都不赞同，认为留下来种地才更有出息，做生意什么的，都是混混才干的行当。好在二姐力排众议，支持这个小弟出去闯世界，说现在时代变了，大家的观念也要变才对。最后，她还拿出自己攒的嫁妆给赵兴武的父亲做路费。就这样，靠着二姐的支持，赵兴武的父亲开始学做生意了。

多年过去了，如今，赵兴武的父亲有了一定资产，自己开了一家四星级餐厅，为了回报二姐当年的支持，他每年都会给二姐家里寄去一笔钱，赡养年迈的二姐。

受到父亲的影响，赵兴武从小也很亲近他这位二姑，他也经常把这段故事讲给新来的员工听。他说："一个人想要干出一番事业，离不开家人的支持，离不开他人的帮助。你们加入我们，我们就是一个整体，希望在这种互帮互助的氛围下成就大家。"

实战场景

父母与子女之间的故事、兄弟姐妹之间的故事，总是充满了爱和帮助的味道，世上再没有比这更能触动人内心的故事了。与那些看上去经典、传奇的故事不同，父母或兄弟姐妹之间的故事，是完全可能发生在我们每一个人身上的，也更贴近我们的生活。作为管理者，完全可以通过向员工讲述父母或者兄弟姐妹的故事，来传达自己想要传递的一些信息。比如，在进行团队合作、呼吁员工互助等方面的培训时，这类故事通常能收获奇效。

此外，通过讲述这类故事，也能让管理者更多一丝人性化的味道，让员工觉得你不是那么冷酷无情的人。这对于管理者的管理来说，是很重要的。因为只有一个不缺爱的领导，他的团队也才会充满爱，才会以高于利益结合的方式，形成更强的凝聚力。

深度分析——管理者如何讲好父母、兄弟姐妹之间的故事

不过，综合现实中的案例来看，兄弟阋墙、父母子女为了争夺利益而闹翻脸的，也是大有人在。像这类故事，是不适合出现在团队中的，容易分化员工的向心力，给他们传递一种负面的东西。那么管理者在讲述这类故事的时候，需要注意哪些问题呢？

第一，尽量讲述那些感人的、动情的，家人之间互帮互助，共勉前进的故事。比如像赵兴武父亲和他二姐那样的故事，能够体现家人之间的关怀，引起人心中的感动，从而使员

工对管理者建立起一个良好的印象，进而对团队更加信任，愿意服从安排。

第二，最好不要讲那些兄弟阋墙的事。比如什么"我大伯当年为了抢家产，硬生生逼死我爷爷，将我当时尚在襁褓中的父亲赶出家门""我爷爷和我父亲的关系一直不好，那时候家里穷，不让父亲上学，导致父亲现在不想赡养爷爷"……由于太负面、太消极，很容易使听众情绪低落，甚至受到影响，认为"天下攘攘皆为利往"，以这样的心态来对待团队，对待其他的团队成员，这就是弄巧成拙，传递了错误思想。

第三，讲的故事要真实，不要"写小说"。如今，有的管理者为了使自己的讲话更富有趣味性、更具有煽动性，常常采取"写小说"的方式讲故事。明明自己出身农村，却要捏造一个"地主世家"的身份，讲述自己父母当年的爱情是如何曲折离奇，讲述自己与兄弟姐妹之间是如何钩心斗角、阴谋迭出……这样的东西一听就给人一种"吹牛不打草稿"的感觉，严重失真怎么能引起员工的共鸣，使他们领会其中的道理呢？

讲故事，要注意故事的真实度。所谓"为情而造文，越精诚情越深，文章越动人"。意思是，一篇好的文章，关键在于它的真，只有真实的东西才能反映出真实的感情，才能给人带来真实的感受，进而引起他们的共鸣。虚假的东西不叫故事，叫故事会。管理者若是给员工讲虚假的故事，只会让员工觉得自己被骗了。

因此，在日常管理中管理者一定要注意：在给员工讲故事的时候，一定要足够真实，不能为了讲故事而编造故事。与此同时，多给员工讲讲父母与兄弟姐妹之间的故事，通过这种家庭故事，向员工传递一种信念：一个人的发展与团队和谐是相辅相成的，离开了他人和团队的帮助，成功之路会更艰难。而一个好的团队，是值得我们信任的。

4. 祖父母那一辈的奋斗故事

李林伟的奶奶，今年已经七十多岁了。李林伟自小是跟着爷爷奶奶长大的，记得小的时候奶奶常给他讲故事，有神话故事、童话故事，也有他们那个年代的事。李林伟最喜欢听奶奶讲她当年的事，因为是她自己的经历，他觉得奶奶是个了不起的女人。

那个时候，他的爷爷是大队里榨菜厂的厂长，每天必须在厂里待着，大队里分派下来的活儿全靠奶奶一个人做。每天早晨五点左右，她就必须起床挑水做饭，然后听着广播，拿上农具下田干活。上午的活儿干完，下午还得上山扛木头，两三米的木头，重好几十斤，她能从五六公里外的大山扛到大队的炼钢炉。李林伟记忆最深的是奶奶说的挑土豆那次，因为需要把土豆挑到30公里外的县城，奶奶从早出发，晚上八点才回家。

还很小的时候，听到这一项项壮举，李林伟就很好奇地问奶奶："奶奶，不是说女人的力气小么，你是怎么挑着七八十斤土豆走那么远的？"奶奶只是笑着说："因为你爸爸和你叔叔要吃饭啊，我是他们的妈妈，不加把劲儿怎么行，不能让他们饿到。"

一转眼，李林伟自己也长大了，成为重庆市区一家公司的销售经理。每当他听到底下有人抱怨工作累的时候，他就会把自己奶奶的故事说出来。他说："在那样的年代，我奶奶都能做到男人做不到的事，我们这点活又算什么。"

实战场景

一名优秀的管理者，不会为了讲故事，而刻意地去营造讲故事的氛围。相反，他们会在合适的时候说出合适的故事。与前者相比，后者更加考验管理者的"储备知识"。是的，如果管理者没有海量的"故事"储备，是不可能做到在合适的时候讲合适的故事的。刻意营造氛围去讲故事，难免会给人一种"耍弄技巧"的感觉。

那么，管理者如何才能储备足够的故事呢？有很重要的一点就是"听"和"记"，将自己听到的故事收集起来，然后在合适的时候再讲出去给人听，这就够了。

在这个过程中，我们一定少不了爷爷奶奶所讲的故事。事实上，他们那一辈的故事，大多是感人肺腑的，是能激发人昂扬斗志的，可以说，每一个管理者都很有必要记一些祖父辈的故事。在他们那个年代，几乎每个人都在诠释"努力、奋斗"的意义。

在日常管理中，管理者如果可以讲述一些那个年代的故事，往往比现在的一些干瘪的鸡汤励志文章要有说服力得多。毕竟，谁都有爷爷奶奶，很多事情他们回家一问，就能找到相似的答案。这样一来，管理者的话在他们眼中就会变得更有说服力。

深度分析——如何讲好祖父母那一辈的故事

不过，需要注意的是，祖父母那一辈的事，与我们现在所处的时代已经有些遥远了，很多的事情乃至人们的观念、世界的面貌和局势，都已经发生了不小的改变。如果只是盲目地将他们的故事讲出来，也许仍旧会有效果，但收效不会太大。员工会想：您说的都是陈芝麻烂谷子的事了，现在的时代已经不同了。

为了消除员工的这种心理，管理者应该采取一定的技巧将这些故事重新包装，更准确地说，是剥离出其中的核心思想，使其能与时俱进，剔除一些过时的东西。

首先，管理者要明白，我们只可弘扬那个年代的奋斗精神，但不能以同样的标准来要求员工。如果一味以那一辈的高要求来衡量他们，只会使他们不堪忍受。

其次，时代不同，人们面对的压力和竞争也不同。祖父母那一辈的人，更多面对的是生存的压力，而现在的人们更多面对的是如何更好地生存的压力。因此，我们讲述祖父母那一辈的故事，初衷是激励员工，告诉他们人的潜力是无限的，而不是告诉他们：跟老一辈的人们比起来，你们就是不行，就是垮掉的一代……

最后，管理者也需要明白，鉴于那个年代的特殊性，我们在讲述祖父母那一辈人的故事的时候，一定要端正自己的态度，讲故事就讲故事，不要掺杂任何的不良观点，尤其是涉及政治一类的东西，不要随意发表自己的看法。最好的做法就是，只讲那些能够激励人斗志的故事，借助先辈们的风采，来鼓励员工努力工作，这样就足够了。

5. 讲点儿其他亲戚的故事

林振生在北京开了一家火锅店，生意红红火火。给下属培训的时候，他常常讲起舅舅家表哥的故事。他的舅舅年轻时就开始经营一家小吃店，虽然不算大，但由于菜品多，口味独特，再加上为人实在，生意一直不错。

后来舅舅生了一场病，就把在大城市工作的儿子叫回来打理小吃店，也就是林振生的表哥。这位表哥毕竟是见过世面的，他回来后决定大干一场，把小吃点的规模做起来。于是，他进行了大刀阔斧的改革，先是实行了很流行的"饥饿营销"，每份菜加价减量，每天限时营业，过期不候。更重要的是，从周一到周天，他都安排了限定的菜式，在那一天就只卖那几种菜式，别的一概不卖。他这套方案一经实施，家里人大惊失色，问他理由，他说这是在帮助提升自家餐馆的档次，让小吃店变高级餐厅，与大都市接轨。

可没想到，小镇的人朴实，风气与大都市完全不一样，见新老板加价减量，还搞什么"限量供应"，想吃什么还不行，必须按菜单点，大家就不乐意了。就这样，前来消费的人越来越少，大家都说这家的年轻人不厚道、瞎搞，欺负乡亲。一传十十传百，结果不到两年的工夫，这位表哥硬是将父辈几十年攒下的基业给败光了。

林振生常用表哥的故事告诫员工：不要盲目照搬什么营销圣典，你得看你服务的对象是哪一种，不同的对象需要不同的方法。

实战场景

生活中，我们常常借用亲戚的故事作为自己的论据或是引子，以传达我们的观点和想法。这样做有几个好处：一是可以增强故事的真实感，使故事有血有肉；二是便于我们收集故事，弄清来龙去脉；三是可以让听的人从侧面了解我们及我们的背景。

作为管理者，以自己的亲戚为例，在管理实践中也是司空见惯的事。就像案例中的林振生，通过自己亲戚的真实经历，向员工诠释了盲目照搬别人的营销理念，带来的恶劣的后果。因为他对整件事了解得比较清楚，因而在讲的时候，能注意到每个细节，甚至流露出真切的感情，进而感染听的人，这比他光讲理论和道理来得有用得多。

这就是借用亲戚的故事所带来的好处。很多管理者在讲故事的时候，由于本身不擅长演讲，无法注意到故事中的情感流露，以至于本来精妙绝伦的故事，经他们之口说出来，却变得平平无奇，哪怕道理说明白了，也缺乏一种发自心灵的感动，导致故事的效用降低。借用亲戚的故事则可以在很大程度上弥补这一点，使管理者的话更具感染力。

因此，在日常管理中，管理者不妨适当地借用亲戚的故事，来加强自己在某些观点上的说服力。不过，由于亲戚和我们的关系，远在一般人之上，又在家人之下，处于一种微妙的状态，关于亲戚的故事不是什么都能说的，因而在实际操作中，管理者还必须注意借用的尺度，涉及亲戚之间某些隐秘的事情，最好不要说出来，自损形象。

深度分析——如何讲好亲戚的故事

那么，亲戚之间到底有哪些方面的事或经历是我们不宜说出来的呢？

第一，事关亲戚人格尊严的经历。比如，某亲戚因为曾经犯过罪，被抓进牢中关过几年。像这样的经历，虽然说出来肯定有许多值得员工警醒的地方，但由于这种经历实在过于难堪，是当事人不愿提起的。作为对方关系亲近的人，管理者最好也不要以此作为自己的论据或例证。这样会显得你无情、自私，对别人不好的遭遇冷嘲热讽。

第二，事关对方家庭纠纷的丑事。所谓家丑不可外扬，作为关系亲近的人，管理者不应该把对方的家丑拿出来说。管理者如果把亲戚这方面的事拿出来乱用，借此说教员工，只会让员工心生厌恶感。

第三，事关对方的一些悲惨遭遇。我们很多管理者在借用亲戚的故事时，总会不自觉地带上几分"评价"。如果是正面的事还好，至少可以显得我们公正，但如果评价的是亲戚的悲惨之事，比如某亲戚被传销骗了，你却在那里说："你们看，这就是贪小便宜的人，总想着天上掉馅饼儿，何其愚蠢。"这样的行为也是为人所不齿的，员工会想：你连自己的亲戚都这么看不起，那要是我不小心犯了错，还不被你耻笑一辈子，我不干了。

所谓管理，本质上是对不同的人进行调控，是一种人与人之间的活动。既然是人与人之间的事，那就少不得要有一些"人味儿"。而借用亲戚的故事，很容易让我们显得没有"人味儿"。因此，管理者在借用亲戚的故事时，一定要小心谨慎，注意措辞。

6. 讲一讲自己饲养宠物的故事

有一次公司聚会，几个同事恰好在那里讨论养猫，经理徐静芳就走过去坐在旁边听。那几个同事一见她过来，立刻把注意力放到她身上，神色拘谨。

"徐经理，你来啦。"

原来，这几个人正是刚调到她手下做事的员工，对她还不太熟悉，所以有些戒备。徐静芳笑了笑，说："你们喜欢养猫？正好我也是个猫奴啊，不是我吹嘘，论对猫的熟悉，我可是写过刊物论文的哦，真正的养猫专家。"

说笑间，她就开始讲自己养猫的经历，还说到自己现在那只猫的一件趣事。

"都说猫咪很聪明，会给主人带小动物回来。对于这一点，以前我是不信的，但就在一个月前，我家那家伙就给我带回来一只老鼠。你们不知道，那家伙有多搞笑。它竟然把老鼠给我放到床上，天呐，我新换的雪色床单，被它这么一闹腾，全完了。后来我查资料，你们猜猜，猫为什么会有这种带猎物回家的习性？原来是因为它把我们当不懂事的小猫咪了，看我们不会捕食猎物，就好心给我们带一点儿，你要是不接受它的好意，它会以为你不喜欢它的猎物，它就会想办法带更多其他的猎物。你们说，猫咪这种生物是不是特别可爱。反正，我们家现在隔三岔五就会多点小东西。"

听她说起猫来，侃侃而谈，那几个员工来了兴趣，也加入了讨论中。通过这次关于猫的讨论之后，大家也相互熟悉了，几个员工对她也不再那么防备了。

实战场景

时下，养宠物正在流行起来，宠物狗、宠物猫、宠物鸟，甚至比较吓人的蛇、鼠之类的小动物。一般情况下，一个喜欢养宠物的人，在他人眼中大多是个有爱心的人，是个比较有童心的人。这样的人会给人一种安心、放心、不会带来危险的感觉。

管理者如果可以向员工谈谈自己养宠物的经历，讲讲自家宠物的故事，会给员工营造一种印象：领导是个不错的人，爱工作也爱生活，跟着他做事也许会很轻松，即使不小心犯了错，应该也可以得到原谅和包容。换句话说，这能提升管理者的亲和力。

如果员工之中有人也喜欢养宠物，那么管理者这么做，就更能让员工产生认同感了，他们会觉得管理者和自己是一路人，有共同语言，大大有利于之后的交流。

此外，管理者以自己的宠物为话题，还可以起到暖场的作用。比如，当现场交流的气氛有些僵时，谈谈宠物的一些趣事及饲养心得，会显得更自然。比起其他说教的故事，或蕴含有深刻哲理的故事，宠物的那些事，无疑更加有趣，也更加纯粹。

深度分析——正确认识宠物故事对于管理的作用

在许多管理者眼中，或许会觉得身为团队领导，跟员工讨论关于宠物的事，会败坏团队内部的风气，无形中滋长玩物丧志的不良现象，让员工错误地以为，领导在鼓励他们饲养宠物。以至于他们即使自己真的养有宠物，也从不跟员工交流和探讨心得。

其实管理者大可不必如此，当下，养宠物已经成为部分年轻人的一种生活常态，这是不可逆的时代趋势。即使我们缄默，也不会改变这种现状。再说，养宠物不代表玩物丧志，相反，还可以借此培养饲养者的责任心和毅力，及实际动手能力。

同时，在饲养宠物的过程中，面对宠物的生老病死，也能提升饲养者对人生的感悟。这些无形的东西只要经过适当的引导，就可以成为饲养者待人处事的经验。

管理者若是把握好其中的尺度，以宠物的话题为引，充当那个"引导人"的角色，那么不但可以使自己更好地融入员工团体，还可以趁机把自己的想法传递给员工，而不引起他们的反感。从这个角度来说，宠物甚至可以说是一种"教育工具"。

不过，管理者需要注意的是，在利用"宠物"加以引导的时候，务必把握好分寸，让员工区分开工作时间和业余时间。万不可因为领导不清不楚的一番话，致使员工在不该关注宠物的时间里谈论宠物，进而分心走神，无心工作，那就是最失败的引导了。自始至终，管理者都需要明白：谈论宠物，只是我们开启与员工无障碍沟通的手段，哪怕我们真心喜爱宠物，也不能任由这种喜欢扰乱团队的正常秩序。

总而言之，一个优秀的管理者，会想尽办法从身边找出一切可以利用的地方，使之成为教育员工、说服员工、引导员工，促进自己与团队进一步的理解、沟通。谈一谈关于宠物的故事，讲讲心得，无疑是很好的选择，管理者们不妨尝试去利用好它。

7. 老师和导师身上的故事

秦廷骏时常给员工讲他老师的故事，他说，自己的老师是个了不起的人，虽然只做了一辈子的老师，但却培育了无数的英才，更把自己的三个子女送出农村。

秦廷骏的老师名叫陈奇纶，出生在一个"成分"不好的家庭，他的三叔当年随同国民党一同逃亡到了台湾，后来又定居香港。受此影响，陈奇纶小时候得不到很好的教育，家里又穷得叮当响。之后几年，随着政治环境逐渐缓和，大陆的人也可以到香港、台湾探亲甚至是旅游。陈奇纶的三叔就给陈奇纶写了一封信，让他去香港找自己。

陈奇纶带着简单的行李就去了，在香港待了一个月。回来之后，他身上仍旧穿着去的时候的那身衣服，小村里沸腾起来，都问他外面的世界是怎样的，精不精彩，繁不繁华。陈奇纶只说："好看，真好看，衣服漂亮，吃的好吃，我以后要努力活出去。"

自那之后，他开始用功学习，在村里的榨菜厂上班时，一边在盐池里倒腾，一边还在背书学习。遗憾的是，因为家庭原因，他最终还是没能"活"出去，依旧留在了小村里。但是他没有放弃，发下豪言壮语："就算我不行，我也要把儿子、女儿送出去。"

之后，他当了老师，工作上勤勤恳恳，认认真真，他时常跟学生说："不要觉得我们生在农村就不敢向往大城市，好好学习，将来考出去，到大城市上班、生活。"他的学生自小就被他这么激励着，以走出农村为目标。当然，还有他的儿子、女儿们。

一晃几十年过去了，如今他的儿子在市中心的一级医院工作，女儿嫁到了江苏，更有不少学生在北京安了家。

秦廷骏说："我的老师很普通，但他身上一直有种东西在激励我，是梦想的力量。他的梦想很纯粹，而他这个人也很纯粹，一直朝梦想前进就是了，不去想其他的事。结果他最后还是实现了自己的梦想。我觉得做人就该像他那样，有个朴实的梦想。"

实战场景

人们普遍有这样一种心理：路边随便过来一个人跟他说"嘿，你这样走路对身体很不好的"，他不会相信，甚至还会觉得这人是在找碴。但是，如果这时候一个明星或者著名的养生专家、大学教授过来跟他说"嘿，你这样走路对身体很不好的"，他会出于本能地向对方请教，并改变自己的走路姿势。这就是人们跟随"权威"的心理。

在这种心理的基础上，还有这样一种心理：如果一位专家说"你们这些家伙都是愚蠢又懦弱的"，很多人会暴起发难，跟专家大声对质。但是，如果专家说"我的一位老师曾经说过，像我们这样的人大多都是愚蠢又懦弱的"，这个时候，人们不会第一时间反驳，而是会反思自己，进而得出一个结论：专家的老师说得对，我们愚蠢又懦弱。

深度分析——管理者可以适当借用"老师"的权威

这是为什么？其实，还是服从权威的心理在作怪，不过，同时还多了一份"同理心"。所谓同理心，就是人有理解他人感受、对别人的遭遇感同身受的一种心理。在第二个例子中，当专家说"我的一位老师说过，像我们这样的人……"时，人们心中形成的印象大多是：这个专家说他和我们一样啊，看来他是个谦虚的人，说话应该是靠谱的，他说他老师这样评价我们，一定是有原因的，毕竟连他也被批评了，我得想想看。

中国自古就有尊师重道的传统，老师是一个令人尊敬的职业。而在大多数人印象中，越厉害的老师，教出来的学生就越厉害。同样的道理，越厉害的学生，他的老师通常也不是什么简单人物。即使有青出于蓝的说法，但人们还是普遍相信，身为老师，至少不比他的学生差太多，而在一些人生哲理、看待世情的问题上，甚至老师还更胜一筹。

因此，当专家指出，他现在所说的言论其实是他老师的观点时，人们首先想到的不是反驳，而是先审视一番，看看自己是不是真错了，连专家的老师都这么说。

由此可见，当一个本来就很有话语权的人，再扯出大旗，以另一个看上去更有权威的人来发表自己的意见时，即使他的话不那么中听，但听众还是会虚心接受。

在一个团队中，管理者的存在，本身就代表着一种权威。如果管理者再讲讲自己的老师或导师的一些故事，将一些道理蕴藏在他们说过的话当中，传递给员工，这会使员工更加乐意接受。员工会想：这是领导的老师说过的话，了不得啊，现在我吸取这些教训，岂不是相当于我跟领导做了师兄弟，都是那位老师的"学生"了。而且，那位老师教出了领导这样的人才，我用心学习他教的东西，会不会也成为跟领导一样优秀的人呢？

管理者借自己老师的故事向员工传递信念和想法，是对"权威效应"的一种运用。通过借助老师，管理者将自己与员工放在同一层级上，这样一来，在向员工"转述"各种道理时，员工就不会对管理者产生抗拒，反而乐于接受。

8. 记下别人讲过的故事

董建明的团队中，有一个叫侯云涛的家伙，本来也是公司的老人了，工作上一直处于不温不火的状态，始终得不到晋升。大家都知道，他之所以无法晋升，全在于他对待工作的态度不行，"60分万岁"，很少主动开发客户，都是坐等客户上门。而在为客户服务的过程中，也是三心二意，不怎么用心。以至于入行几年，连忠实客户都没有。

但他自己意识不到问题，反而成天抱怨，说公司不重视他，晋升的那些人靠的都是关系。被分到董建明的团队后，就一直跟董建明不对付，无视命令。董建明找他谈了好几次话，都没能达到目的。偶然一次机会，他在地铁上听到几个人在那儿闲聊，说了一个小故事，令他心中一动，决定把故事说给侯云涛听。

他对侯云涛说："你听过这个故事吗？在一个促销会上，美国某公司的经理请与会者站起来，看看自己的座椅下有什么东西。结果每个人都在自己的座椅下发现了钱，最少的捡到一枚硬币，最多的拿到一百美元。人们不解其意，这位经理说：'这些钱都归你们了，我想告诉你们一个最容易被大家忽视的道理：坐着不动是永远也赚不到钱的。'"

董建明又说，"其实你就是这样，总是在抱怨，但从不主动去付出。你有主动开发过客户吗？你有在大热天出去跑过业务吗？没有。你只在乎自己休息得好不好，加班后公司给不给工资，法定假日放不放。你的心没在工作上，又怎么能做出成绩呢？"

实战场景

许多管理者抱怨，管理中会遇到各种各样的问题，有的人就是死不开窍，你怎么说他都不听，也不服管教，如果全都要用故事来说教，去哪儿找那么多故事。

也有的管理者担心：一个人的精力有限，作为管理者，每天单单管理团队中的事务就已经非常辛苦了，如果还分心去记什么故事，是平白浪费精力的表现。

其实，故事是很多的，管理者收集故事的渠道也很多。况且磨刀不误砍柴工，掌握了好的管理方法，拥有丰富的管理故事，可以大大提高管理者的管理效率。

一名优秀的管理者，他的故事来自于日常生活中的积累，可能是自己看书看到的，可能是看电视、听讲座听到的，也可能是自己悟出来的，还可能是在某辆公交车上或者哪个公共场合旁人闲聊听来的。各种道理、故事其实都来源于生活，只有带着一颗学习的心，我们才能收集到这些故事，然后使其为我们所用。

深度分析——管理者要记下听过的故事

那么，在工作实践中，管理者要如何记下那些听过的故事呢？

首先，要学会聆听，学会带着倾听的耳朵去观察周围。一旦听到有人在说一些有趣的故事或经历时，就把它记在脑海里，如果条件允许的话，就将它们记录在笔记本上。然后找时间整理，编撰成一个小故事。这样"听"来的故事，大多更具有真实性。而且由于我们"听"的对象很广泛，因而，这些故事可能涉及的领域也是多种多样的。这样一来，当我们将这些故事说给员工听的时候，也能增强故事的真实性。

其次，要学会甄别听到的故事是否适用。比如，偶然在火车上听到有人说，原来康师傅的真正发明人是某个卖串串香的，又或者美国的总统从小就喜欢打架斗殴。这样的故事显然十分有吸引力，能一下子抓住人的眼球。但其真实性太低，听一听，当作饭后谈资、逗笑取乐还可以，却不适合成为管理者用于团队建设的演讲故事。

管理者讲故事，尤其是这种听来的故事，一定要保证一个前提，那就是故事本身不能太离谱儿。否则，员工只会感到好笑，而不会受到激励和鞭策，这对团队建设而言，毫无意义。

总之，身为管理者，要时刻保持学习的心态，要时刻留意四周。有道是"艺术来源于生活，而高于生活"。这在管理学上也是适用的，很多的管理故事、方法都是取自于生活中的实践。因此，将别人讲过的故事记下来，然后加以整理、筛选，再在合适的场合说给员工听，不但能提高管理者的效率，也能充实管理者自己，令员工更信服。

9. 把朋友的故事也利用起来

谭学伟喜欢写作，自己开了一间工作室，手底下有七八个员工。他有一个朋友，也是干这一行的，同样自己开了一间工作室，而且比他发展得好一些。

想当初，他朋友刚来北京发展时，没地方住，身上也没多少钱，还是跟他挤一张床。一天三顿饭，除了中午在公司吃，其余两顿要么靠他救济，要么自己啃馒头。

记忆最深的是有一次，朋友的女朋友来北京看他，他身上一分钱也没有。最后，是谭学伟带着他去接女朋友，又带着他俩到餐厅吃了饭。送走了女朋友，朋友沮丧地跟他说，自己这辈子怕是完了。当时，谭学伟还安慰过他，说一切都会好起来的。

后来，这位朋友在找了一圈工作后，就跟谭学伟说，他准备自己先开一间工作室，尝试着写写看。谭学伟觉得这不现实，还劝阻过他。谁知道，他铁了心要自己干，于是去二手市场买了一台旧电脑，从此窝在他的那间八平方米不到的小房间里，开始了一天十八个小时的工作量。从最初帮别人写广告，到后来帮人写论文，再到后来的畅销书。

终于，在熬过了五个年头之后，他有了一间真正的个人工作室。谭学伟之所以会开自己的工作室，实际上也是受了他的鼓舞和帮助。谭学伟常用这个朋友的经历来激励自己，也激励自己的员工："不要害怕现在的一无所有，只要努力，就会好起来。"

实战场景

现实生活中，人们很多时候都在不自觉地讲朋友的故事，比如"我有个朋友……""我朋友当时……"用自己朋友的故事来传达自己想要传达的讯息，一来可以体现自己的客观公正，理性不带偏见。二来也可以增强故事的真实感，做到有理有据，令人信服。其潜台词就是，这是发生在我朋友身上的真实事件，不是我胡编乱造的。

管理者作为团队的领导，本身的层次比较高，通常来讲，所能接触到的圈子和人脉，也就比一般员工高一些。因此，借用自己朋友的故事来跟员工沟通，是没有问题的，还可以让员工加深对管理者的了解，无形中增加彼此的信任，进而相互理解。

不过，也正因为借用身边朋友的经历来传递自己的想法很有效，生活中这样的说辞已经形成套路了，很多人动不动就说"我有个朋友……"，套路一多，真诚就不够了。

在这种情况下，管理者要如何才能把朋友的故事真正派上用场，让员工相信，你说的就是真话，而不是为了讲道理而刻意编造的故事呢？

深度分析——管理者应该如何让朋友的故事发挥效用

首先，尽可能地保证故事的真实性。如果这件事确实是发生在自己朋友身上的，在不影响朋友声誉的情况下，征得对方同意后，可以讲给自己的员工听。如果这件事没有发生在朋友身上，就不要为了迎合场景的需要，而故意编造故事。因为这样的情景出现太多次，员工就会怀疑：怎么每次讲道理的时候都会有一个相应的"朋友"的故事，难道领导的朋友这么多吗，而且还涵盖了各个领域，成功的、失败的、好的坏的全都齐了？

一旦编得太多、太过巧合，让员工起了疑心，那么，这种用朋友聊劝诫、激励员工的方法就不奏效了，甚至会进一步削弱管理者在员工心中的形象和信任度。

其次，朋友的故事不用太多，有那么一两个就行。在合适的时候，还要把自己的那位"朋友"带来让员工见一下，让他们知道自己说的是真人真事，这样故事的鞭策、激励、教育作用才会发挥到最大化。举个例子：谭学伟用自己朋友的故事来激励员工要坚持奋斗，敢于打拼，但光说故事，难免缺乏说服力。但如果他适时地请那位朋友跟员工见个面，员工就会觉得：原来领导没骗我，那是不是说我也可能成功？

只有让员工相信，管理者口中的"朋友"的确是确有其人，并非虚假，他们才会相信管理者讲的故事，甚至会更进一步、全方位地提高对管理者的信任程度。

最后，不要把朋友的故事挂在嘴边，要在最恰当的时候讲，让员工一下子就忘不掉，印象深刻。任何一个道理，如果被人天天挂在嘴边，那么它就不再是道理，而是口头禅。因此，管理者不要频繁地说什么"我有个朋友"，那样只会让员工感到腻烦，也不想再听什么朋友。

在最恰当的时候把朋友的故事讲出来，不但给员工耳目一新、眼前一亮的感觉，更会让故事中蕴含的道理深深地烙进他们的心中，使故事的作用发挥到最大。总之，用身边朋友的故事说服人的确是不错的办法，但管理者也要注意"不泛滥，不瞎编"。